일반기업회계기준(K-GAAP)과 **한국채택국제회계기준(K-IFRS)**을
동시에 1권으로 **완벽 정리!**

기초부터 중급까지 연습할 수 있는 분개연습

S라인 계정과목별
분개연습

김운주 저

 YouTube 에서 "**계정과목별 분개연습**"을 검색해보세요!

도서출판
어울림
www.aubook.co.kr

머리말

　이 책은 회계를 학습하는 사람들이 다양한 유형의 분개문제를 연습할 수 있도록 만들어진 책이다. 이 책의 특징은 다음과 같다.

　첫째, 문제와 해답 및 해설만 수록함으로써 책의 부피를 줄였다. 이 책은 다른 교재를 학습하면서 보조용도로 사용할 수 있도록 만들어진 책이다. 따라서 기본서에 수록되어 있을 내용을 중복해서 설명하지 않고, 문제 위주로 편집을 하여 빠른 시간 내에 정리할 수 있도록 하였다.

　둘째, 기초뿐만 아니라 중급 이상의 문제도 수록하였다. 시중에 일부 분개연습 교재들은 기초과정을 중심으로 쓰여진 책들이 대부분이다. 그러한 교재들은 처음에 회계를 이해하는데는 유용할지 모르나 실제 시험에서는 난이도의 차이로 인하여 직접적인 역할을 하지 못하는 경우가 많다. 본 교재는 중급 이상의 분개문제도 수록하여 전산세무1급, 2급, 회계관리 1급 같은 시험에서도 유용할 수 있게 하였다.

　셋째, 시청각을 활용한 학습이 가능하게 하였다. 유투브 '계정과목별 분개연습'을 통해 동영상 강의를 제공해드리고 있다.

　본 교재의 문제 중 일부는 문제번호 앞에 "★"표시가 있다. ★이 1개인 것은 중급수준의 분개문제이고, ★이 2개인 것은 고급수준의 분개문제이다. 아직 회계가 초보인 학습자들은 처음에 ★표시된 문제는 건너뛰고 학습해도 무방하다. 그 다음에 어느 정도 실력이 숙달되었을 때 ★표시된 문제도 도전하는 것이 좋을 것이다.

　마지막으로 본 교재가 출간될 수 있도록 허락해 주신 어울림 출판사 허병관 사장님, 오늘날의 내가 있기까지 물심양면으로 도와주신 사랑하는 가족들에게 깊은 감사를 드린다.

2023년 3월
저 자

차 례

2부 한국채택국제회계기준 분개연습

1부
일반기업회계기준 분개연습

현금및현금성자산

[1] 보통예금 계좌에서 현금 3,000,000원을 인출하였다.

　(차)　　　　　　　　　　　　　　　(대)

[2] 현금 3,000,000원을 보통예금에 입금하였다.

　(차)　　　　　　　　　　　　　　　(대)

[3] 거래처 외상매출금 2,000,000원을 현금으로 회수하였다.

　(차)　　　　　　　　　　　　　　　(대)

[4] 거래처 외상매입금 1,000,000원을 자기앞수표로 지급하였다.

　(차)　　　　　　　　　　　　　　　(대)

[5] 외상매출금 1,500,000원을 회수하면서 대금은 당좌수표로 받았다.

　(차)　　　　　　　　　　　　　　　(대)

[6] 자기앞수표 2,000,000원을 현금으로 환전하였다.

　(차)　　　　　　　　　　　　　　　(대)

[7] 회사의 현금 중 1,000,000원을 소액자금 성격으로 생산부서에 이전하였다. 이 금액은 생산부서에서 7월 한달간 소모품의 구입등에 사용될 예정이다. (소액현금 계정을 사용하시오).

　(차)　　　　　　　　　　　　　　　(대)

[8] 앞의 [7]에서 7월 한달간 소모품 지출로 소액현금 900,000원을 사용한 것으로 보고를 받았다. 소모품 사용에 대해서는 비용계정을 사용하시오.

　(차)　　　　　　　　　　　　　　　(대)

해답

[1] (차) 현금 3,000,000 (대) 보통예금 3,000,000

보통예금에서 인출을 하면 보통예금에서 3,000,000원이 줄어들게 되므로 보통예금 3,000,000원을 감소시킨다.

[2] (차) 보통예금 3,000,000 (대) 현금 3,000,000

[3] (차) 현금 2,000,000 (대) 외상매출금 2,000,000

[4] (차) 외상매입금 2,000,000 (대) 현금 2,000,000

[5] (차) 현금 1,500,000 (대) 외상매출금 1,500,000

[6] 분개 없음

자기앞수표도 현금이므로, 차변과 대변에 현금이라는 같은 계정과목이 나오게 된다. 이 경우에는 회계처리를 할 필요가 없다.

[7] (차) 소액현금 1,000,000 (대) 현금 1,000,000

[8] (차) 소모품비 900,000 (대) 소액현금 900,000

Part 02

당좌예금

[1] 당좌예금 계좌에 현금 2,000,000원을 입금하였다.

  (차)   (대)

[2] 외상매출금 1,000,000원을 회수하여 당좌예금 계좌에 입금하였다.

  (차)   (대)

[3] 외상매입금 2,000,000원을 수표를 발행하여 결제 하였다.

  (차)   (대)

[4] 당좌예금 잔액 부족에 대비하기 위해 보통예금 5,000,000원을 당좌예금 계좌에 입금하였다.

  (차)   (대)

[5] 상품을 3,000,000원에 구입하면서, 대금은 수표를 발행하여 지급하였다. 단, 당좌예금 잔액은 2,000,000원만 있으며, 은행과 당좌차월 계약이 되어 있다.

  (차)   (대)

[6] 당좌차월에 대하여 이자 100,000원이 발생하여, 당좌차월 금액이 추가로 증가하였다.

  (차)   (대)

[7] 당좌차월이 1,000,000원 있는 상태에서 현금 3,000,000원을 당좌예금 계좌에 입금하였다.

  (차)   (대)

[8] 은행에 당좌예금 거래를 하기로 하고, 보증금으로 3,000,000원의 보통예금을 이체하여 지급하였다.

  (차)   (대)

[9] 원재료를 10,000,000원에 구입하기로 하고, 계약금으로 1,000,000원을 당좌수표를 발행하여 지급하였다.

  (차)   (대)

⚙ 해답

[1] (차) 당좌예금   2,000,000   (대) 현금   2,000,000

[2] (차) 당좌예금   1,000,000   (대) 외상매출금   1,000,000

[3] (차) 외상매입금   2,000,000   (대) 당좌예금   2,000,000

[4] (차) 당좌예금   5,000,000   (대) 보통예금   5,000,000

[5] (차) 상품   3,000,000   (대) 당좌예금   2,000,000
                                         당좌차월*   1,000,000

  * 당좌차월 대신에 단기차입금으로 처리할 수도 있다.

[6] (차) 이자비용   100,000   (대) 당좌차월   100,000

[7] (차) 당좌차월   1,000,000   (대) 현금   3,000,000
        당좌예금   2,000,000

[8] (차) 특정현금과예금*   3,000,000   (대) 보통예금   3,000,000
  * 특정현금과예금 대신에 장기금융상품이나 당좌개설보증금을 사용할 수도 있다.

[9] (차) 선급금   1,000,000   (대) 당좌예금   1,000,000

보통예금

[1] 거래처 외상매출금 2,000,000원을 회수하면서 보통예금 계좌에 입금하였다.

(차)   (대)

[2] 외상매입금 900,000원을 상환하면서 보통예금으로 결제하였으며, 추가로 수수료 10,000원과 보통예금으로 지출되었다.

(차)   (대)

[3] 상품을 2,000,000원에 구입하면서 체크카드로 결제해 주었다. 단, 상품의 부가가치세는 무시하시오.

(차)   (대)

[4] 보통예금 계좌에서 이자가 100,000원 발생하였다.

(차)   (대)

[5] 신한은행 보통예금 계좌에서 1,000,000원을 인출하여 국민은행 보통예금 계좌에 입금하였다. 본 문제에 한하여 거래처를 기록하여 회계처리 하시오.

(차)   (대)

★[6] 자산 취득조건으로 신청한 정부보조금이 당일 확정되어 10,000,000원이 보통예금 계좌에 입금되었다.

(차)   (대)

⚙ 해답

[1] (차) 보통예금   2,000,000   (대) 외상매출금   2,000,000

[2] (차) 외상매입금   900,000   (대) 보통예금   910,000
　　수수료비용*   10,000

     * 수수료비용 대신 지급수수료 계정과목을 사용하기도 한다.

[3] (차) 상품   2,000,000   (대) 보통예금   2,000,000

     * 체크카드로 결제하는 것은 보통예금의 감소로 회계처리한다.

[4] (차) 보통예금   100,000   (대) 이자수익   100,000

[5] (차) 보통예금(국민은행)   1,000,000   (대) 보통예금(신한은행)   1,000,000

[6] (차) 보통예금   10,000,000   (대) 정부보조금*   10,000,000

     * 여기에서 정부보조금은 보통예금의 차감적 성격에 해당한다.

Part 04

단기금융상품

[1] 은행에 만기 3년짜리 적금에 가입할 것을 계약하였다.

(차)   (대)

[2] 만기 1년인 정기적금에 가입하였으며 현금 300,000원을 입금하였다.

(차)   (대)

[3] 만기 3년인 정기적금에 가입하였으며 현금 300,000원을 입금하였다.

(차)   (대)

[4] 만기 1년인 정기예금에 가입하였으며 현금 300,000원을 입금하였다.

(차)   (대)

[5] 만기 1년인 정기예금의 만기가 되어 납입금액 3,600,000원과 이자 200,000원을 수령하였다. 수령한 금액은 전액 보통예금에 입금하였다.

(차)   (대)

⚙ 해답

[1] 분개 없음
주문이나 계약만 하는 것은 회계처리 대상이 아니다.

[2] (차) 정기적금　　　　　　　　300,000　　(대) 현금　　　　　　　　　　300,000

[3] (차) 장기성예금*　　　　　　　300,000　　(대) 현금　　　　　　　　　　300,000
　　* 장기성예금 대신 장기금융상품도 가능하다.

[4] (차) 정기예금　　　　　　　　300,000　　(대) 현금　　　　　　　　　　300,000

[5] (차) 보통예금　　　　　　　3,800,000　　(대) 정기예금　　　　　　　3,600,000
　　　　　　　　　　　　　　　　　　　　　　이자수익　　　　　　　　 200,000

단기매매증권

[1] 단기간 자금운용목적으로 주식을 990,000원에 취득하였으며, 10,000원의 취득수수료와 함께 보통예금으로 지급하였다.

(차)   (대)

[2] 보유하고 있던 단기매매증권의 장부상 금액은 2,000,000원이며, 기말 결산시 공정가치가 2,500,000원이 되었다.

(차)   (대)

[3] 보유하고 있던 단기매매증권의 장부상 금액은 2,000,000원이며, 기말 결산시 공정가치가 1,500,000원이 되었다.

(차)   (대)

[4] 보유하고 있던 단기매매증권의 장부상 금액은 2,000,000원이며, 이 단기매매증권을 2,400,000원의 현금을 받고 처분하였다.

(차)   (대)

[5] 보유하고 있던 단기매매증권의 장부상 금액은 2,000,000원이며, 이 단기매매증권을 1,800,000원의 현금을 받고 처분하였다.

(차)   (대)

[6] 보유하고 있던 단기매매증권의 장부상 금액은 2,000,000원이며, 이 단기매매증권을 2,400,000원에 처분하면서 처분수수료 100,000원을 공제한 금액을 현금으로 받았다.

(차)   (대)

[7] 보유하고 있던 단기매매증권(채권)에서 이자가 100,000원 발생하여 보통예금에 입금되었다.

(차)   (대)

[8] 보유하고 있던 단기매매증권(주식)에서 배당금이 100,000원 발생하여 보통예금에 입금되었다.

(차)   (대)

⚙ 해답

[1] (차) 단기매매증권	990,000	(대) 보통예금	1,000,000
수수료비용	10,000		
[2] (차) 단기매매증권	500,000	(대) 단기매매증권평가이익	500,000
[3] (차) 단기매매증권평가손실	500,000	(대) 단기매매증권	500,000
[4] (차) 현금	2,400,000	(대) 단기매매증권	2,000,000
		단기매매증권처분이익	400,000
[5] (차) 현금	1,800,000	(대) 단기매매증권	2,000,000
단기매매증권처분손실	200,000		
[6] (차) 현금	2,300,000	(대) 단기매매증권	2,000,000
		단기매매증권처분이익	300,000
[7] (차) 보통예금	100,000	(대) 이자수익	100,000
[8] (차) 보통예금	100,000	(대) 배당금수익	100,000

외상매출금과 미수금 (1)

Part 06

[1] 상품을 2,000,000원에 외상으로 매출하였다. 단, 부가가치세는 고려하지 말고, 회계처리 하시오.

(차)   (대)

[2] 제품을 2,000,000원(부가세 별도)에 외상으로 매출하였다. 단, 부가가치세를 고려하여 회계처리 하시오.

(차)   (대)

[3] 장부금액이 2,000,000원인 토지를 2,000,000원에 외상으로 처분하고, 대금은 1개월 후에 받기로 하였다.

(차)   (대)

[4] 1개월 전에 상품을 외상으로 판매한 대금 2,000,000원을 회수하여 당좌예금 계좌에 입금하였다.

(차)   (대)

[5] 1개월 전에 기계장치를 외상으로 판매한 대금 2,000,000원을 회수하여 당좌예금 계좌에 입금하였다.

(차)   (대)

[6] 상품을 1,000,000원에 매출하고, 신용카드로 결제받았다. 단, 부가가치세는 고려하지 않으며 카드매출대금은 외상매출금으로 처리하시오.

(차)   (대)

[7] 앞의 [6]에서 카드매출대금 1,000,000원에 대하여 신용카드사 수수료 30,000원을 공제한 금액이 보통예금 계좌에 입금되었다.

(차)   (대)

[8] 기말 결산시 외상매출금에 대하여 1,000,000원 만큼 대손충당금을 설정한다.

(차)   (대)

해답

[1] (차) 외상매출금   2,000,000   (대) 상품매출   2,000,000

[2] (차) 외상매출금   2,200,000   (대) 제품매출   2,000,000
     부가세예수금   200,000

[3] (차) 미수금   2,000,000   (대) 토지   2,000,000

[4] (차) 당좌예금   2,000,000   (대) 외상매출금   2,000,000

[5] (차) 당좌예금   2,000,000   (대) 미수금   2,000,000

[6] (차) 외상매출금   1,000,000   (대) 상품매출   1,000,000

[7] (차) 보통예금   970,000   (대) 외상매출금   1,000,000
     수수료비용   30,000

[8] (차) 대손상각비   1,000,000   (대) 대손충당금   1,000,000

Part 07

외상매출금과 미수금 (2)

[1] 외상매출금 1,000,000원이 회수가 불가능하게 되어 대손처리한다. 단, 대손충당금 잔액은 600,000원이 있으며, 대손세액공제는 적용하지 않는다.

　(차)　　　　　　　　　　　　　　　　　　(대)

[2] 앞의 [1]에서 대손처리한 외상매출금 1,000,000원을 현금으로 회수하게 되었다. 단, [1]과 [2]의 거래는 같은 회계연도에 발생한 것이다.

　(차)　　　　　　　　　　　　　　　　　　(대)

[3] 외상매출금 2,000,000원이 회수가 불가능하게 되어 대손처리한다. 단, 대손충당금 잔액은 1,500,000원이 있으며, 대손세액공제는 적용하지 않는다.

　(차)　　　　　　　　　　　　　　　　　　(대)

[4] 앞의 [3]에서 전기에 대손처리한 외상매출금 2,000,000원을 현금으로 회수하게 되었다. (해당 문제는 [3]에서 대손처리를 하고나서 다음 회계연도에 회수된 것이다.)

　(차)　　　　　　　　　　　　　　　　　　(대)

[5] 만기가 도래한 외상매출금 2,000,000원을 만기 3개월인 대여금으로 전환하기로 합의하였다.

　(차)　　　　　　　　　　　　　　　　　　(대)

[6] 거래처 (주)소영에 대한 외상매출금 잔액은 2,000,000원이 있으며, 외상매입금 잔액은 3,000,000원이 있다. 거래처와 외상대금을 서로 상계하기로 하였으며, 차액 1,000,000원은 현금으로 지급하였다.

　(차)　　　　　　　　　　　　　　　　　　(대)

★[7] 외상매출금 2,200,000원을 거래처의 파산으로 인하여 대손처리한다. 단, 해당 외상매출금은 대손세액공제 요건을 충족하여, 대손세액공제를 받고자 한다. 대손충당금 잔액은 10,000,000원이 있는 상태이다.

　(차)　　　　　　　　　　　　　　　　　　(대)

⚙ 해답

[1] (차) 대손충당금   600,000   (대) 외상매출금   1,000,000
       대손상각비   400,000

[2] (차) 현금   1,000,000   (대) 대손충당금   600,000
              대손상각비   400,000

[3] (차) 대손충당금   1,500,000   (대) 외상매출금   2,000,000
       대손상각비   500,000

[4] (차) 현금   2,000,000   (대) 대손충당금   2,000,000

      * 전기에 대손처리한 채권을 회수하는 경우에는 대변에 대손충당금의 증가로 처리한다.

[5] (차) 단기대여금   2,000,000   (대) 외상매출금   2,000,000

[6] (차) 외상매입금   3,000,000   (대) 외상매출금   2,000,000
              현금   1,000,000

[7] (차) 부가세예수금   200,000   (대) 외상매출금   2,200,000
       대손충당금   2,000,000

      * 대손세액공제를 받는 경우에는 대손처리하는 채권금액의 10/110을만큼 부가가치세를 적게 납부하게 된다. 따라서 대손충당금은 감소하는 부가세예수금을 차감한 금액만큼 감소한다.

받을어음 (1)

Part 08

[1] 제품을 1,000,000원에 매출하고, 어음으로 대가를 받았다. 단, 부가가치세를 고려하지 않기로 한다.

(차)   (대)

[2] 토지(장부금액 1,000,000원)를 1,000,000원에 매출하고, 어음으로 대가를 받았다. 단, 부가가치세를 고려하지 않기로 한다.

(차)   (대)

[3] 현금 1,000,000원을 6개월간 대여하고 차용증서 대신 어음으로 받았다.

(차)   (대)

[4] 받을어음 3,000,000원이 만기가 되어 회수하고, 회수대금은 당좌예금 계좌에 입금하였다.

(차)   (대)

[5] 받을어음 3,000,000원이 만기가 되어 추심을 의뢰하고, 추심비용 100,000원을 제외한 금액을 보통예금에 입금하였다.

(차)   (대)

[6] 만기가 3개월 남아 있는 받을어음 3,000,000원을 할인하고, 할인료 100,000원을 제외한 금액을 보통예금에 입금하였다. 매각거래로 처리하시오.

(차)   (대)

[7] 만기가 3개월 남아 있는 받을어음 3,000,000원을 할인하고, 할인료 100,000원을 제외한 금액을 보통예금에 입금하였다. 차입거래로 처리하시오.

(차)   (대)

[8] 보유하고 있던 받을어음 10,000,000원에 대하여 거래처가 부도처리 되었다는 통보를 받았다. 기타비유동자산으로 처리하시오.

(차)   (대)

해답

[1] (차) 받을어음   1,000,000   (대) 제품매출   1,000,000

[2] (차) 미수금   1,000,000   (대) 토지   1,000,000

  * 유형자산이 아닌 것을 처분하면서 어음을 받을 때에는 받을어음이 아니라 미수금으로 처리하여야 한다.

[3] (차) 단기대여금   1,000,000   (대) 현금   1,000,000

  * 거래의 목적이 자금의 대여이므로, 어음을 받은 것은 대여금 성격으로 처리하여야 한다.

[4] (차) 당좌예금   3,000,000   (대) 받을어음   3,000,000

[5] (차) 수수료비용   100,000   (대) 받을어음   3,000,000
      보통예금   2,900,000

[6] (차) 매출채권처분손실   100,000   (대) 받을어음   3,000,000
      보통예금   2,900,000

[7] (차) 이자비용   100,000   (대) 단기차입금   3,000,000
      보통예금   2,900,000

[8] (차) 부도어음과수표   10,000,000   (대) 받을어음   10,000,000

받을어음 (2)

Part 09

[1] 외상매출금 2,000,000원을 받을어음으로 회수하였다.

(차)   (대)

[2] 거래처 외상매입금 2,000,000원을 보유하고 있던 받을어음으로 결제하였다.

(차)   (대)

★[3] 만기가 3개월 남아 있는 받을어음 10,000,000원을 연 12% 조건으로 할인하고, 할인료를 제외한 금액
은 당좌예금에 입금하였다. 매각거래로 처리하시오. 할인액은 월할계산 하시오.

(차)   (대)

★[4] 만기가 3개월 남아 있는 받을어음 10,000,000원을 연 12% 조건으로 할인하고, 할인료를 제외한 금액
은 당좌예금에 입금하였다. 차입거래로 처리하시오.

(차)   (대)

★[5] 만기가 6개월이고, 연 이자율 10% 조건의 받을어음 10,000,000원을 3개월 보유한 후 할인하였다. 할
인율은 연 12% 조건이며, 이자와 처분비용을 정리한 잔액은 보통예금으로 받았다. 할인액은 월할계산
하며, 매각거래로 처리하시오.

(차)   (대)

해답

[1] (차) 받을어음 2,000,000 (대) 외상매출금 2,000,000

[2] (차) 외상매입금 2,000,000 (대) 받을어음 2,000,000

[3] (차) 당좌예금 9,700,000 (대) 받을어음 10,000,000
　　　매출채권처분손실 300,000

　　* 할인금액의 계산 : 10,000,000 × 12% × 3/12 = 300,000

[4] (차) 당좌예금 9,700,000 (대) 단기차입금 10,000,000
　　　이자비용 300,000

[5] (차) 매출채권처분손실 65,000 (대) 받을어음 10,000,000
　　　보통예금 10,185,000 　　　이자수익 250,000

　　① 만기시 수령액 = 받을어음 액면금액 + 만기까지 액면이자
　　　= 10,000,000 + (10,000,000 × 10% × 6/12) = 10,500,000원
　　② 매출채권 할인액 (만기시에 이자 포함 받을어음 회수금액을 할인)
　　　= 받을어음 회수금액 10,500,000원 × 12%× 3개월/12개월 = 315,000원
　　③ 보통예금 수령액 : 만기시 수령액 - 매출채권 할인액
　　　= 10,500,000원 - 315,000원 = 10,185,000원
　　④ 이자수익 (받을어음 액면금액의 3개월분 이자)
　　　= 10,000,000원 × 10% × 3개월/12개월 = 250,000원
　　⑤ 매출채권처분손실 = 받을어음 + 이자수익 - 보통예금 수령액
　　　= 10,000,000 + 250,000 - 10,185,000 = 65,000원

부가세대급금과 부가세예수금 (1)

Part 10

[1] 원재료를 1,000,000원 (부가세 별도)에 현금으로 매입하면서, 세금계산서를 받았다. 부가가치세를 고려하여 회계처리 하시오.

　(차)　　　　　　　　　　　　　　(대)

[2] 제품을 1,000,000원 (부가세 별도)에 현금으로 매출하면서, 세금계산서를 발급하였다. 부가가치세를 고려하여 회계처리 하시오.

　(차)　　　　　　　　　　　　　　(대)

[3] 거래처 선물할 시계를 1,000,000원 (부가세 별도)에 현금으로 구입하고, 세금계산서를 받았다. 단, 접대비는 부가가치세 매입세액공제가 되지 않는 항목이다.

　(차)　　　　　　　　　　　　　　(대)

[4] 주유소에서 화물차 휘발유를 550,000원 (부가세 포함)을 주유하였다. 대금은 전액 신용카드로 결제하였다. 화물차 휘발유는 매입세액 공제가 가능하다.

　(차)　　　　　　　　　　　　　　(대)

[5] 부가가치세 과세기간 종료일 현재 부가가치세 매출세액은 3,000,000원이고, 매입세액은 2,000,000원이다. 부가가치세 정리분개를 하시오. 추가로 납부할 세액은 미지급세금 계정을 사용하시오.

　(차)　　　　　　　　　　　　　　(대)

[6] 앞의 [5]에서 납부할 부가가치세 세액을 현금으로 납부하였다.

　(차)　　　　　　　　　　　　　　(대)

[7] 부가가치세 과세기간 종료일 현재 부가가치세 매출세액은 3,000,000원이고, 매입세액은 4,000,000원이다. 부가가치세 정리분개를 하시오. 환급받을 세액은 미수금으로 처리하시오.

　(차)　　　　　　　　　　　　　　(대)

해답

[1] (차) 부가세대급금   100,000   (대) 현금   1,100,000
        원재료   1,000,000

* 매입세액이 공제가능한 경우에는 매입한 공급가액의 10%만큼 부가세대급금으로 인식한다.

[2] (차) 현금   1,100,000   (대) 부가세예수금   100,000
                                  제품매출   1,000,000

[3] (차) 접대비   1,100,000   (대) 현금   1,100,000

* 매입세액공제가 되지 않는 경우에는 부가가치세 금액까지 포함하여 자산 또는 비용으로 인식한다.

[4] (차) 부가세대급금   50,000   (대) 미지급금   550,000
        차량유지비   500,000

* 금액이 부가가치세 포함으로 구분된 경우에는 ÷ 1.1을 하여 공급가액을 계산할 수 있다. 신용카드로 결제한 금액은 미지급금으로 처리한다.

[5] (차) 부가세예수금   3,000,000   (대) 부가세대급금   2,000,000
                                  미지급세금   1,000,000

[6] (차) 미지급세금   1,000,000   (대) 현금   1,000,000

* 앞에서 미지급세금 계정을 사용하였으므로 이어지는 문제도 계속성의 원칙에 따라 미지급금으로 처리한다.

[7] (차) 부가세예수금   3,000,000   (대) 부가세대급금   4,000,000
        미수금   1,000,000

★[1] 부가가치세 과세기간 종료일 현재 부가가치세 매출세액은 3,000,000원이고, 매입세액은 2,000,000원이다. 추가로 가산세 50,000원이 발생하였으며, 세액공제 10,000원의 혜택을 받는다. 가산세는 세금과공과, 세액공제는 잡이익으로 처리한다.

(차)   (대)

[2] 부가가치세가 면세되는 원재료를 1,020,000원에 현금구입하고, 계산서를 수취하였다.

(차)   (대)

★[3] 앞의 [2]에서 매입한 원재료에 대하여 의제매입세액공제 20,000원을 신고하였다. 부가가치세 관련 정리분개를 하시오.

(차)   (대)

[4] 당사는 공장건물의 일부를 임대하고 있다. 공장 임대보증금에 대한 간주임대료는 500,000원, 세액은 50,000원이 계산되었다. 간주임대료를 임대인이 부담한다고 할 때 간주임대료 부가가치세에 대한 회계처리를 하시오.

(차)   (대)

★[5] 당사는 공장건물을 임차하여 사용하고 있다. 공장 임차보증금에 대한 간주임대료는 500,000원, 세액은 50,000원이 계산되었다. 간주임대료를 임차인이 부담한다고 할 때 회계처리를 하시오. (아직 납부를 한 것은 아니다).

(차)   (대)

해답

[1] (차) 부가세예수금   3,000,000   (대) 부가세대급금   2,000,000
      세금과공과   50,000   잡이익   10,000
                미지급세금   1,040,000

[2] (차) 원재료   1,020,000   (대) 현금   1,020,000

[3] (차) 부가세대급금   20,000   (대) 원재료   20,000

* 의제매입세액공제는 부가가치세가 면세되는 재화나 용역을 공급하고, 부가가치세가 과세되는 재화나 용역을 공급하는 사업자에게 적용한다. 공제비율은 다음과 같다.

구 분	공제비율 (2023년 현재)
일반적인 경우, 과세유흥 음식점업	2/102
중소기업이면서 제조업	4/104
음식점업 (법인사업자) 과자점, 도정업, 제분업, 떡류제조 (개인사업자)	6/106
음식점업 (개인사업자)	8/108 (음식점업을 영위하면서 과세표준 2억원 이하인 개인사업자는 9/109)

* 회계처리는 매입한 원재료를 일부 취소하고, 매입세액공제를 적용하여야 하므로 차변에 부가세대급금, 대변에 원재료(타계정으로 대체)로 한다.

[4] (차) 세금과공과   50,000   (대) 부가세예수금   50,000

[5] (차) 세금과공과   50,000   (대) 미지급금   50,000

* 앞의 [4]에서 임대인이 간주임대료에 대한 부가가치세를 부담할 때, 부가세예수금이라고 한다면 임차인이 간주임대료를 부담한다면 부가세대급금으로 처리해야 하는 것으로 생각하기가 쉽다. 그러나 부가가치세에 대한 간주임대료는 매입세액공제가 불가능하므로 세금과공과라는 비용으로 처리하는 것이다. 대변에는 미지급금 대신 미지급세금 계정과목을 사용할 수도 있다.

단기대여금

[1] 현금 2,000,000원을 거래처에 대여해 주었다. 대여한 금액 중에서 절반은 1년후에 받고, 나머지는 2년 후에 받을 예정이다.

(차)   (대)

[2] 단기대여금 3,000,000원의 만기가 되었으나 거래처와 합의하에 만기를 2년간 추가로 연장해 주기로 하였다.

(차)   (대)

[3] 만기가 도래한 단기대여금 1,000,000원과 이자 100,000원을 회수하여 보통예금 계좌에 입금하였다.

(차)   (대)

[4] 단기대여금 3,000,000원의 회수가 불가능하게 되어 대손처리 하였다. 대손 발생시 대손충당금 잔액은 2,000,000원이 있었다.

(차)   (대)

[5] 단기대여금 $10,000 (원화로 환산한 금액은 11,000,000원)이 있었는데, 기말 결산일의 환율은 $1당 1,050원이 되었다.

(차)   (대)

[6] 단기대여금 $10,000 (원화로 환산한 금액은 11,000,000원)이 있었는데, 단기대여금의 만기가 도래하여 이자 $1,000와 함께 보통예금으로 회수하였다. 회수 시점의 $1당 환율은 1,050원이다.

(차)   (대)

해답

[1] (차) 단기대여금   1,000,000   (대) 현금   2,000,000
     장기대여금   1,000,000

[2] (차) 장기대여금   3,000,000   (대) 단기대여금   3,000,000

[3] (차) 보통예금   1,100,000   (대) 단기대여금   1,000,000
         이자수익   100,000

[4] (차) 대손충당금   2,000,000   (대) 단기대여금   3,000,000
     기타대손상각비   1,000,000

[5] (차) 외화환산손실   500,000   (대) 단기대여금   500,000

   * 단기대여금이 11,000,000원에서 10,500,000원이 되어 자산이 500,000원 만큼 감소한 것이다. 자산 감소 금액 500,000원만큼 외화환산손실로 처리한다.

[6] (차) 보통예금   11,550,000   (대) 단기대여금   11,000,000
     외환차손   500,000   이자수익   1,050,000

   * 보통예금 수령금액 : 11,000달러 x 1,050원 = 11,500,000원
     이자수익 : 1,000달러 x 1,050원 = 1,050,000원
     단기대여금을 회수하면서 장부상 금액보다 500,000원을 적게 받으므로 외환차손이 된다.

선급비용과 선수수익

[1] 1년분 자동차 보험료 2,400,000원을 현금으로 납부하고, 비용처리 하였다.

  (차)   (대)

[2] 앞의 [1]에서 납부한 보험료 중에서 귀속시기가 다음연도인 보험료가 800,000원이 있다. 결산분개를 하시오.

  (차)   (대)

[3] 1년분 자동차 보험료 2,400,000원을 현금으로 납부하였다. 자산으로 처리하시오.

  (차)   (대)

[4] 앞의 [3]에서 납부한 보험료 중에서 귀속시기가 당해연도인 보험료가 1,600,000원이 된다. 결산분개를 하시오.

  (차)   (대)

[5] 1년분 임대료 6,000,000원을 현금으로 미리 받고, 수익으로 처리한다. 단, 부가가치세는 고려하지 않는다.

  (차)   (대)

[6] 앞의 [5]에서 받은 임대료 중에서 귀속시기가 다음연도인 임대료가 2,000,000원이 있다. 결산분개를 하시오.

  (차)   (대)

[7] 1년분 임대료 6,000,000원을 현금으로 미리 받고, 부채로 인식한다. 단, 부가가치세는 고려하지 않는다.

  (차)   (대)

[8] 앞의 [7]에서 받은 임대료 중에서 귀속시기가 해당연도인 임대료가 4,000,000원이 있다. 결산분개를 하시오.

  (차)   (대)

해답

[1] (차) 보험료   2,400,000   (대) 현금   2,400,000

[2] (차) 선급비용   800,000   (대) 보험료   800,000

[3] (차) 선급비용   2,400,000   (대) 현금   2,400,000

[4] (차) 보험료   1,600,000   (대) 선급비용   1,600,000

[1],[2]와 [3],[4]에서 보험료를 당해연도와 다음연도로 구분하면 다음과 같다.

당해연도 ~ 결산일	다음연도 초 ~ 보험기간 종료일
보험료 1,600,000원	선급비용 800,000원

다시 말해 최종결과는 손익계산서상 보험료 1,600,000원, 재무상태표상 선급비용 800,000원이 남아야 한다. [2]는 [1]에서 보험료를 전액 비용처리 하였으므로 미경과분 800,000원을 자산처리 하는 것이며, [4]는 [3]에서 보험료를 자산처리 하였으므로 기간 경과분 1,600,000원을 비용처리 하는 것이다.

[5] (차) 현금   6,000,000   (대) 임대료   6,000,000

[6] (차) 임대료   2,000,000   (대) 선수수익   2,000,000

[7] (차) 현금   6,000,000   (대) 선수수익   6,000,000

[8] (차) 선수수익   4,000,000   (대) 임대료   4,000,000

[5],[6]와 [7],[8]에서 임대료를 당해연도와 다음연도로 구분하면 다음과 같다.

당해연도 ~ 결산일	다음연도 초 ~ 보험기간 종료일
임대료수익 4,000,000원	2,000,000원

다시 말해 최종결과는 손익계산서상 임대료 4,000,000원, 재무상태표상 선수수익 2,000,000원이 남아야 한다. [2]는 [1]에서 임대료를 전액 수익처리 하였으므로 미경과분 2,000,000원을 자산처리 하는 것이며, [4]는 [3]에서 임대료를 부채처리 하였으므로 기간 경과분 4,000,000원을 수익처리하는 것이다.

Part 14

미수수익과 미지급비용

[1] 현금 10,000,000원을 연 이자율 12% 조건으로 1년간 대여해 주었다. 이자는 만기시에 후불로 받기로 하였다.

(차)   (대)

[2] 앞의 [1]에서 기말 결산일까지 대여금에 대해 발생한 이자는 300,000원이 있다.

(차)   (대)

[3] 보통예금에서 10,000,000원을 연 이자율 12% 조건으로 1년간 대여해 주었다. 이자는 대여일에 현금으로 미리 받고 선수수익 1,200,000원을 인식하였다.

(차)   (대)

[4] 앞의 [3]에서 기말 결산일까지 대여금에 대해 발생한 이자발생분은 300,000원이며, 나머지는 다음 연도의 이자에 해당된다.

(차)   (대)

[5] 현금 10,000,000원을 연 이자율 12% 조건으로 1년간 차입하였다. 이자는 만기시에 후불로 지급하기로 하였다.

(차)   (대)

[6] 앞의 [5]에서 기말 결산일까지 차입금에 대해 발생한 이자는 300,000원이다. 결산분개를 하시오.

(차)   (대)

[7] 현금 10,000,000원을 연 이자율 12% 조건으로 1년간 차입하였다. 차입일에 이자비용으로 1,200,000원을 미리 공제하고 현금을 받았다. 이자는 비용처리한다.

(차)   (대)

[8] 앞의 [7]에서 기말 결산일까지 차입금에 대해 발생한 이자는 300,000원이며, 나머지는 다음 연도의 이자에 해당된다.

(차)   (대)

해답

[1] (차) 단기대여금   10,000,000   (대) 현금   10,000,000

* 유동과 비유동의 정확한 구분은 채권, 채무가 발생한 날이 아니라 결산일로부터 1년 이내에 소멸하는지 여부로 판단한다. 만기가 정확이 1년인 경우에는 유동자산 및 유동부채로 처리한다.

[2] (차) 미수수익   300,000   (대) 이자수익   300,000

대여일부터 결산일까지의 이자를 계산하여 미수수익으로 인식한다.

[3] (차) 단기대여금   10,000,000   (대) 보통예금   10,000,000
      현금   1,200,000   선수수익   1,200,000

[4] (차) 선수수익   300,000   (대) 이자수익   300,000

* 앞의 [3]에서 이자 1,200,000원을 미리 받고, 선수수익으로 처리했었다. [4]에서는 결산일까지 300,000원의 이자수익이 발생하였으므로 선수수익을 감소시켜준다.

[5] (차) 현금   10,000,000   (대) 단기차입금   10,000,000

[6] (차) 이자비용   300,000   (대) 미지급비용   300.000

* 차입일부터 결산까지 발생한 이자비용을 인식한다.

[7] (차) 현금   8,800,000   (대) 단기차입금   10,000,000
      이자비용   1,200,000

* 이자 1,200,000원을 제외하고 현금을 받았으므로 8,800,000원의 현금만 기록한다.

[8] (차) 선급비용   900,000   (대) 이자비용   900,000

* 앞에서 이자비용을 1,200,000원 인식했는데, 당해연도에 해당하는 이자비용이 300,000원 밖에 없다면 나머지 900,000원의 다음연도에 지급해야 하는 이자비용을 미리 지급한 것이므로 선급비용을 인식하게 된다.

선급금과 선수금

[1] 원재료를 5,000,000원에 구입하기로 하고, 계약금으로 1,000,000원을 당좌예금에서 이체하여 지급하였다.

(차)   (대)

[2] 원재료를 5,000,000원에 구입하면서, 이전에 미리 지급한 계약금을 1,000,000원을 제외하고, 보통예금으로 결제하였다(부가가치세는 고려하지 않는다).

(차)   (대)

[3] 제품을 5,000,000원에 판매하기로 하고, 계약금 1,000,000원을 당좌수표로 지급 받았다.

(차)   (대)

[4] 제품을 5,000,000원에 판매하면서 미리 받은 계약금 1,000,000원을 제외한 금액을 현금으로 받았다(부가가치세는 고려하지 않는다).

(차)   (대)

[5] 기계장치를 5,000,000원에 구입하기로 계약금 성격으로 1,000,000원을 어음을 발행하여 지급하였다.

(차)   (대)

[6] 상품권을 1,000,000원에 발행하였다. 상품권 발행대금은 전액 현금으로 받았다.

(차)   (대)

[7] 상품을 1,500,000원에 판매하면서, 미리 발행한 상품권 500,000원을 받고, 나머지 차액은 현금으로 받았다.

(차)   (대)

[8] 발행한 상품권 중 500,000원은 상품권의 유효기간이 경과하게 되었다.

(차)   (대)

해답

[1] (차) 선급금   1,000,000   (대) 당좌예금   1,000,000

[2] (차) 원재료   5,000,000   (대) 선급금   1,000,000
                                                        보통예금   4,000,000

[3] (차) 현금   1,000,000   (대) 선수금   1,000,000
     * 타인발행수표는 현금으로 처리한다.

[4] (차) 선수금   1,000,000   (대) 제품매출   5,000,000
     현금   4,000,000

[5] (차) 선급금   1,000,000   (대) 미지급금   1,000,000
     * 재고자산이 아닌 유형자산의 구입과 관련된 경우에는 지급어음으로 하지 않고, 미지급금으로 처리한다.

[6] (차) 현금   1,000,000   (대) 선수금   1,000,000

[7] (차) 선수금   500,000   (대) 상품매출   1,500,000
     현금   1,000,000

[8] (차) 선수금   500,000   (대) 잡이익   500,000
     * 실무는 잡이익 보다는 영업외수익 중에서 적당한 계정과목을 등록하여 사용하는 방법도 있을 수 있다.
     (예 : 상품권기간경과이익 등)

Part 16

소모품과 소모품비

[1] 회사 업무를 위해 사용할 A4용지와 필기도구를 50,000원에 현금으로 구입하였다. 비용으로 처리하며, 부가가치세는 무시한다.

(차)   (대)

[2] 회사 업무에 사용할 소모품을 3,000,000원에 구입하고, 체크카드로 결제하였다. 비용으로 처리하며 부가가치세는 무시한다.

(차)   (대)

[3] 앞의 [2]에서 구입하고 소모품비로 처리한 금액 중에서 미사용분이 1,200,000원으로 확인되었다. 기말 결산분개를 행하시오.

(차)   (대)

[4] 공장 생산공장에서 사용할 소모품을 3,000,000원(부가세 별도)에 구입하고, 신용카드로 구입하였다. 자산으로 처리하며 부가가치세를 고려하여 회계처리 하시오.

(차)   (대)

[5] 기말 결산시 앞의 [4]에서 구입한 3,000,000원의 소모품 중에서 미사용분이 1,200,000원으로 확인되었다. 기말 결산분개를 행하시오.

(차)   (대)

해답

[1] (차) 소모품비   50,000   (대) 현금   50,000

[2] (차) 소모품비   3,000,000   (대) 보통예금   3,000,000

   * 신용카드로 결제할 때에는 미지급금으로 회계처리 하지만, 체크카드로 결제할 때에는 보통예금으로 회계처리 한다.

[3] (차) 소모품   1,200,000   (대) 소모품비   1,200,000

[4] (차) 부가세대급금   300,000   (대) 미지급금   3,300,000
        소모품   3,000,000

[5] (차) 소모품비   1,800,000   (대) 소모품   1,800,000
    앞에서 소모품을 3,000,000원에 취득했었는데, 기말 결산시 소모품이 1,200,000원이 남았다는 것은 1,800,000원을 사용했다는 의미가 된다.

가지급금, 임직원등단기채권

Part 17

[1] 영업부 직원에게 지방 출장을 명하고, 현금 500,000원을 가지급하였다.

(차)   (대)

[2] 앞의 [1]에서 직원이 지방 출장을 다녀온 후 600,000원을 지출한 출장비 영수증을 첨부하여 제출받았다. 차액은 현금으로 해당 직원에게 지급해 주었다.

(차)   (대)

[3] 대표이사의 요청으로 현금 10,000,000원을 대출해 주었다. 가지급금 계정을 사용하시오.

(차)   (대)

[4] 대표이사에게 대여한 가지급금 10,000,000원과 이자 500,000원을 회수하여 보통예금 계좌에 입금하였다.

(차)   (대)

[5] 영업부 직원에게 가불금으로 300,000원의 현금을 미리 지급하였다. (가불금은 임직원등단기채권으로 하시오.)

(차)   (대)

[6] 직원에게 급여를 3,000,000원 지급하면서, 가불금 300,000원과, 소득세 및 4대보험 200,000원을 공제한 금액을 보통예금으로 지급하였다. (가불금은 임직원등단기채권으로 하시오).

(차)   (대)

[7] 종업원의 학자금 지원 (복리후생 성격으로 무이자 대출) 목적으로 현금 1,200,000원을 대여해 주었다. 해당 자금은 매월 100,000원씩 회수할 예정이다.

(차)   (대)

[8] 대표이사가 업무와 무관하게 사용할 골프채를 2,000,000원에 현금을 주고 구입하였다. 가지급금으로 처리하시오.

  (차)   (대)

[9] 원인 불명의 금액 2,000,000원이 보통예금 계좌에 입금된 것을 확인하였다. (임시 계정을 사용하시오).

  (차)   (대)

계정과목 분류 요약

1. 재무상태표 항목

자산	당좌자산	현금, 당좌예금, 보통예금, 단기매매증권, 외상매출금, 받을어음, 미수금, 미수수익, 단기대여금, 소모품, 선급금, 선급비용, 가지급금, 부가세대급금, 선납세금, 임직원등단기채권 등
	재고자산	상품, 제품, 반제품, 재공품, 원재료, 저장품 등
	투자자산	장기성예금, 특정현금과예금, 매도가능증권, 만기보유증권, 지분법적용투자주식, 장기대여금
	유형자산	토지, 건물, 구축물, 기계장치, 차량운반구, 비품 등
	무형자산	영업권, 특허권, 개발비, 저작권, 소프트웨어 등
	기타비유동자산	이연법인세자산, 임차보증금, 장기외상매출금, 장기받을어음, 장기미수금, 장기선급금 등
부채	유동부채	외상매입금, 지급어음, 미지급금, 미지급비용, 예수금, 부가세예수금, 단기차입금, 선수금, 선수수익, 미지급배당금, 유동성장기부채 등
	비유동부채	사채, 장기차입금, 퇴직급여충당부채, 장기외상매입금, 장기미지급금, 장기선수금 등
자본	자본금	자본금
	자본잉여금	주식발행초과금, 감자차익, 자기주식처분이익 등
	자본조정	주식할인발행차금, 감자차손, 자기주식처분손실, 자기주식, 미교부주식배당금, 배당건설이자 등
	기타포괄손익누계액	매도가능증권평가이익(손실), 해외사업환산이익(손실) 등
	이익잉여금	이익준비금, 기업합리화적립금, 재무구조개선적립금, 임의적립금, 이월이익잉여금 등

2. 손익계산서 항목

수익	매출액	상품매출, 제품매출
	영업외수익	이자수익, 배당금수익, 임대료수익, 단기매매증권평가이익, 단기매매증권처분이익, 외화환산이익, 외환차익, 유형자산처분이익, 투자자산처분이익, 자산수증이익, 채무면제이익, 보험금수익 등
비용	매출원가	상품매출원가, 제품매출원가
	판매비와관리비	급여, 잡급, 퇴직급여, 복리후생비, 여비교통비, 접대비, 통신비, 수도광열비, 전력비, 세금과공과, 감가상각비, 임차료, 수선비, 보험료, 운반비, 도서인쇄비, 교육훈련비, 수수료비용, 광고선전비, 연구비, 대손상각비, 차량유지비, 잡비 등
	영업외비용	이자비용, 단기매매증권평가손실, 단기매매증권처분손실, 외화환산손실, 외환차손, 기타의대손상각비, 유형자산처분손실, 전기오류수정손실, 기부금, 재해손실 등
	법인세	법인세 등

⚙️ 해답

[1] (차) 가지급금   500,000   (대) 현금   500,000

[2] (차) 여비교통비   600,000   (대) 가지급금   500,000
      현금   100,000

[3] (차) 가지급금   10,000,000   (대) 현금   10,000,000

[4] (차) 보통예금   10,500,000   (대) 가지급금   10,000,000
      이자수익   500,000

[5] (차) 임직원등단기채권   300,000   (대) 현금   300,000

* 실무적으로는 월정액 급여보다 적은 금액을 가불할 때에는 임직원등단기채권, 월정액 급여를 초과하여 가불할 때에는 가지급금 계정을 사용한다.

[6] (차) 급여   3,000,000   (대) 임직원등단기채권   300,000
      예수금   200,000
      보통예금   2,500,000

[7] (차) 가지급금   1,200,000   (대) 현금   1,200,000

* 문제에서 회수할 것이라고 주어졌으므로 복리후생비 보다는 가지급금(자산)으로 처리하는 것이 더 적합하다.

[8] (차) 가지급금   2,000,000   (대) 현금   2,000,000

[9] (차) 보통예금   2,000,000   (대) 가수금   2,000,000

* 원인 불명의 금액이 입금되면 우선 가수금으로 처리했다가 원인이 밝혀지면 가수금 계정을 상계처리 한다.

선납세금과 미지급세금

[1] 보통예금에서 이자 1,000,000원이 발생하여, 소득세 140,000원을 제외한 금액이 보통예금 계좌에 입금되었다.

(차)   (대)

[2] 보유중인 주식에 대하여 1,000,000원의 배당이 확정되어 배당금이 당좌예금 계좌에 입금되었다.

(차)   (대)

[3] 법인세 중간예납으로 3,000,000원을 고지 받아서 현금으로 납부하였다.

(차)   (대)

[4] 기말 결산시 납부할 법인세는 10,000,000원으로 계산되었으며, 이미 납부한 법인세가 3,500,000원이 있다. 법인세 대체 분개를 하시오.

(차)   (대)

[5] 전년도말에 미지급세금으로 계상된 법인세는 3,500,000원이다. 법인세 납부기한을 지키지 못해서 가산세 500,000원과 함께 보통예금으로 납부하였다.

(차)   (대)

해답

[1] (차) 선납세금   140,000   (대) 이자수익   1,000,000
       보통예금   860,000

[2] (차) 당좌예금   1,000,000   (대) 배당금수익   1,000,000

    * 법인세법상 이자에 대해서는 법인, 개인 구분 없이 원천징수 의무가 있으나 법인에 지급하는 배당금에 대해서는 원천징수 의무가 없다.

[3] (차) 선납세금   3,000,000   (대) 현금   3,000,000

[4] (차) 법인세비용   10,000,000   (대) 선납세금   3,500,000
                                     미지급세금   6,500,000

[5] (차) 미지급세금   3,500,000   (대) 보통예금   4,000,000
       세금과공과   500,000

현금과부족

[1] 회계기간 중에 장부상 현금과 실제 현금의 차액을 조사한 결과 500,000원이 부족한 것을 발견하였다.

(차)   (대)

[2] 앞의 [1]에서 발생한 현금부족액 중 300,000원은 거래처 직원과 회식을 하면서 발생한 지출로 확인되었다.

(차)   (대)

[3] 앞의 [1]에서 발생한 현금부족액 200,000원은 기말 결산일까지 원인을 알 수 없었다.

(차)   (대)

[4] 회계기간 중에 장부상 현금과 실제 현금의 차액을 조사한 결과 500,000원이 과다한 것을 발견하였다.

(차)   (대)

[5] 앞의 [4]에서 발생한 현금과다액 중 300,000원은 거래처 외상매출금 회수액으로 파악되었다.

(차)   (대)

[6] 앞의 [4]에서 발생한 현금과다액 200,000원은 기말 결산일까지 원인을 알 수 없었다.

(차)   (대)

해답

[1] (차) 현금과부족   500,000   (대) 현금   500,000

[2] (차) 접대비   300,000   (대) 현금과부족   300,000

[3] (차) 잡손실   200,000   (대) 현금과부족   200,000

[4] (차) 현금   500,000   (대) 현금과부족   500,000

[5] (차) 현금과부족   300,000   (대) 외상매출금   300,000

[6] (차) 현금과부족   200,000   (대) 잡이익   200,000

상품과 원재료 (1)

[1] 상품을 500,000원에 매입하면서 매입운임 10,000원과 함께 현금으로 지급하였다. 부가가치세는 고려하지 마시오.

(차)   (대)

[2] 상품을 500,000원(부가세 별도)에 구입하면서 1주일 전에 지급한 계약금 100,000원을 제외한 금액을 보통예금으로 지급하였다. 부가가치세를 고려하시오.

(차)   (대)

[3] 국방부에 원가 500,000원, 시가 800,000원인 상품을 기부하였다.

(차)   (대)

[4] 원재료를 수입하면서 관세 100,000원, 부가가치세 100,000원을 현금으로 납부하였다.

(차)   (대)

[5] 원재료 외상대금 1,000,000원을 조기에 결제해 주면서 2%를 할인받고, 잔액은 보통예금에서 이체하여 지급하였다.

(차)   (대)

[6] 기말 결산시 상품의 장부상 잔액은 10,000,000원이고, 실제 조사한 결과 상품의 잔액은 1,000,000원이다. 차액은 전액 판매되었다고 가정할 때, 결산분개를 행하시오.

(차)   (대)

[7] 회사가 생산한 제품 300,000원을 거래처에 견본품으로 제공하였다.

(차)   (대)

★[8] 상품과 원재료를 일괄하여 900,000원에 현금구입하였다. 매입 당시 상품의 공정가치는 600,000원, 원재료 공정가치는 400,000원이다.

(차)   (대)

⚙ 해답

[1] (차) 상품   510,000   (대) 현금   510,000

    * 매입운임도 상품의 취득원가에 포함시킨다.

[2] (차) 부가세대급금   50,000   (대) 선급금   100,000
      상품   500,000   보통예금   450,000

[3] (차) 기부금   500,000   (대) 상품   500,000

    * 상품으로 기부를 할 때에는 장부금액으로 기록하여야 한다. 만약 시가로 회계처리를 한다면, 기업의 상품재고
      가 500,000원만 있을 경우에, 대변에 800,000원의 상품을 기록하면 상품 잔액이 음수(-)가 되기 때문이다.

[4] (차) 부가세대급금   100,000   (대) 현금   200,000
      원재료   100,000

    * 관세는 원재료 매입시 부대비용으로 간주하여 취득원가에 포함시킨다. 단, 부가세대급금은 부가가치세 신고시
      환급을 받거나 매출세액을 감소시켜 주는 효과가 있으므로 별도의 자산으로 처리한다.

[5] (차) 외상매입금   1,000,000   (대) 매입할인   20,000
                                      보통예금   980,000

    * 조기결제로 인한 할인금액은 매입할인으로 한다.

[6] (차) 상품매출원가   9,000,000   (대) 상품   9,000,000

[7] (차) 견본비   300,000   (대) 제품   300,000

[8] (차) 상품   540,000   (대) 현금   900,000
      원재료   360,000

    * 성격이 상이한 두 가지 이상의 재고자산을 구입하면, 공정가치 비율로 취득원가를 안분한다. 900,000원을
      상품과 원재료에 6:4의 비율로 안분하면, 540,000원과 360,000원이 된다.

상품과 원재료 (2)

[1] 제품 제조에 사용할 원재료 1,000,000원을 기계장치의 수선에 사용하였다. 수익적 지출로 처리하시오.

(차)   (대)

[2] 과거에 원재료로 회계처리한 과일 100,000원을 종업원의 간식으로 사용하였다.

(차)   (대)

[3] 홍수가 발생하여 제품 보관창고가 침수되어 보관중인 제품 2,000,000원을 전액 폐기처분하기로 하였다.

(차)   (대)

[4] 상품을 판매하면서 매출운임 20,000원을 현금으로 지급하였다.

(차)   (대)

★[5] 장부상 상품 수량은 1,000개이고, 단가는 1,000원이다. 실제 상품수량을 조사한 결과 상품 수량은 900개로 확인되었으며, 부족한 수량 중 60%는 원가성이 있고, 나머지는 원가성이 없다.

(차)   (대)

★[6] 장부상 제품 금액은 10,000,000원이고, 실제 조사한 결과 9,000,000원으로 확인되었다. 차액은 전액 제품의 단가하락에 의한 것이다.

(차)   (대)

★[7] 앞의 [6]에서 인식한 재고자산평가손실 중에서 500,000원의 가치가 회복되었다.

(차)   (대)

해답

[1] (차) 수선비   1,000,000   (대) 원재료   1,000,000

[2] (차) 복리후생비   100,000   (대) 원재료   100,000

[3] (차) 재해손실   2,000,000   (대) 제품   2,000,000

* 참고로, [4]~[6] 거래는 재고자산의 "타계정으로 대체" 거래에 해당한다. 타계정으로 대체란, 재고자산이 비정상적으로 감소하는 경우를 말한다.

[4] (차) 운반비   20,000   (대) 현금   20,000

* 매입운임은 자산의 취득원가에 포함시키는 반면 매출운임은 판매비와관리비 성격으로 처리한다.

[5] (차) 상품매출원가   60,000   (대) 상품   100,000
        재고자산감모손실   40,000

* 상품의 실제금액이 100,000원 부족하므로, 상품매출원가 60%와 재고자산감모손실 40%에 반영한다.

[6] (차) 매출원가   1,000,000   (대) 재고자산평가충당금   1,000,000

* 일부 책에서는 매출원가 대신 재고자산평가손실이라는 계정과목을 쓰기도 하는데, 재고자산평가손실도 매출원가의 범위에 포함된다. 대변에 기록한 재고자산평가충당금은 자산의 차감적 평가계정이다. 평가손실 금액이 회복되는 경우에는 재고자산평가충당금환입 (매출원가에서 차감) 계정을 통해 환입에 대한 회계처리를 할 수 있다.

[7] (차) 재고자산평가충당금   500,000   (대) 재고자산평가충당금환입   500,000

제조원가의 흐름 (1)

22 Part

[1] 원재료 5,000,000원을 제품의 제조에 사용하였다. 사용한 원재료 중에서 직접재료비 사용분은 4,000,000 원이며, 나머지 1,000,000원은 간접재료비 사용분에 해당된다.

(차)   (대)

[2] 생산직 종업원의 임금 5,000,000원과 생산직 아르바이트의 수당 1,000,000원을 현금으로 지급하였다.

(차)   (대)

[3] 발생한 임금 6,000,000원 중 직접노무비 사용분은 5,000,000원, 간접노무비 사용분은 1,000,000원이 다. 재공품 및 제조간접비에 대체분개를 하시오.

(차)   (대)

[4] 제조원가 중에 전력비 1,500,000원, 감가상각비 500,000원, 임차료 2,000,000원을 제조간접비에 대체 하시오.

(차)   (대)

[5] 당기에 발생한 직접재료비는 4,000,000원, 직접노무비는 5,000,000원, 제조간접비는 6,000,000원이다. 이를 재공품에 대체하시오.

(차)   (대)

[6] 당기제품제조원가는 16,000,000원이 계산되었다. 재공품에서 제품으로 대체하는 회계처리를 하시오.

(차)   (대)

[7] 당기에 작업 중인 재공품 중에서 1,000,000원은 불량품으로 판명되어 폐기할 예정이다. 공손에 관한 회 계처리를 하시오.

(차)   (대)

해답

[1] (차) 재공품   4,000,000   (대) 원재료   5,000,000
     제조간접비   1,000,000

    * 직접재료비는 재공품의 원가에 직접 배분되고, 간접재료비는 제조간접비로 집계되었다가 재공품의 원가에 배분된다.

[2] (차) 임금   5,000,000   (대) 현금   6,000,000
     잡급   1,000,000

[3] (차) 재공품   5,000,000   (대) 임금   6,000,000
     제조간접비   1,000,000

[4] (차) 제조간접비   2,200,000   (대) 전력비   1,500,000
                                  감가상각비   500,000
                                  임차료   2,000,000

[5] (차) 재공품   15,000,000   (대) 직접재료비   4,000,000
                                  직접노무비   5,000,000
                                  제조간접비   6,000,000

[6] (차) 제품   16,000,000   (대) 재공품   16,000,000

[7] (차) 재고자산감모손실   1,000,000   (대) 재공품   1,000,000

제조원가의 흐름 (2)

★[1] 제조간접비를 예정배부한 결과 500,000원을 과소배부한 것으로 확인되었다. 제조간접비 배부차이는 전액 비정상적인 차이로 간주한다. 제조간접비 배부차이를 영업외손익법으로 하여 배부차이에 대한 회계처리를 하시오.

(차)   (대)

★[2] 제조간접비를 예정배부한 결과 500,000원을 과대배부한 것으로 확인되었다. 제조간접비 배부차이는 정상적인 차이이다. 제조간접비 배부차이를 매출원가조정법으로 회계처리 하시오.

(차)   (대)

※ [3]~[4] 다음 자료를 활용하여 분개를 하시오.

	기말 재공품	기말 제품	매출원가	합계
직접재료비	500,000	1,000,000	2,500,000	4,000,000
직접노무비	1,000,000	1,500,000	3,500,000	6,000,000
제조간접비	2,000,000	3,000,000	5,000,000	10,000,000
합 계	3,500,000	5,500,000	11,000,000	20,000,000

★[3] 제조간접비를 예정배부한 결과 1,000,000원을 과소배부한 것으로 확인되었다. 제조간접비 배부차이는 총원가 비례배분법으로 회계처리 하시오.

(차)   (대)

★[4] 제조간접비를 예정배부한 결과 1,000,000원을 과대배부한 것으로 확인되었다. 제조간접비 배부차이는 원가요소 비례배분법으로 회계처리 하시오.

(차)   (대)

⚙ 해답

[1] (차) 재고자산감모손실   500,000   (대) 제조간접비   500,000

     * 제조간접비를 부족하게 배부했다는 것은 제조간접비 이후에 반영되는 기말 재공품, 기말 제품, 매출원가에 반영될 금액을 적게 인식했다는 의미이다.

[2] (차) 제조간접비   500,000   (대) 제품매출원가   500,000

     * 제조간접비를 과다하게 배부했다는 것은 제조간접비 이후에 반영되는 기말 재공품, 기말 제품, 매출원가에 반영될 금액을 많이 인식했다는 의미이다.

[3] (차) 재공품   175,000   (대) 제조간접비   1,000,000
        제품   275,000
        매출원가   550,000

     * 부족배부액 1,000,000원을 배부하는 문제이다. 문제에서 총원가에 비례하여 배분하라고 하였으므로, 1,000,000원을 35 : 55 : 110의 비율로 배분하여야 한다.

[4] (차) 제조간접비   1,000,000   (대) 재공품   200,000
                                           제품   300,000
                                           매출원가   500,000

     * 과대배부액 1,000,000원을 배부하는 문제이다. 문제에서 원가요소에 비례하여 배분하라고 하였으므로, 기말 재공품에 포함된 제조간접비, 기말 제품에 포함된 제조간접비, 매출원가에 포함된 제조간접비 비율로 안분하여야 한다. 1,000,000원을 35 : 55 : 110의 비율로 안분하게 되면 200,000원, 300,000원, 500,000원으로 배분하게 된다.

[참고] 제조간접비 예정배부시 부족배부액의 원가흐름

예를 들어 전력비의 예정배부액이 500,000원인데, 실제 600,000원이 발생한 경우

	회사의 회계처리	올바른 회계처리

전력비 발생	(차) 전력비 500,000
	       (대) 미지급금 500,000
		(차) 전력비 600,000
		       (대) 미지급금 600,000

제조간접비 배부	(차) 제조간접비 500,000
	       (대) 전력비 500,000
		(차) 제조간접비 600,000
		       (대) 전력비 600,000

재공품 배부	(차) 재공품 500,000
	       (대) 전력비 500,000
		(차) 재공품 600,000
		       (대) 전력비 600,000

유가증권 (1)

[1] 단기간 자금운용목적으로 시장성 있는 주식을 8,200,000원에 취득하면서, 취득수수료 30,000원과 함께 현금으로 지급하였다.

(차)   (대)

[2] 장기간 투자목적으로 시장성 있는 주식을 8,200,000원에 취득하면서, 취득수수료 30,000원과 함께 현금으로 지급하였다.

(차)   (대)

[3] 단기매매증권의 장부금액은 7,000,000원이다. 기말 결산시 단기매매증권의 공정가치가 8,000,000원이 되었다.

(차)   (대)

[4] 매도가능증권의 장부금액은 7,000,000원이다. 기말 결산시 매도가능증권의 공정가치가 8,000,000원이 되었다.

(차)   (대)

[5] 기업이 보유한 (주)서울의 단기매매증권 금액은 다음과 같다. 이 단기매매증권 전부를 5,000,000원에 처분하였으며, 처분수수료 50,000원을 공제한 금액이 보통예금에 입금되었다.

전기 취득금액	전기말 공정가치
4,000,000원	4,500,000원

(차)   (대)

[6] 장부상 단기매매증권의 장부금액은 10,000,000원이다. 이 단기매매증권의 절반을 6,000,000원에 처분하였다. 처분비용 50,000원을 제외한 금액은 보통예금에 입금되었다.

(차)   (대)

해답

[1] (차) 단기매매증권   8,200,000   (대) 현금   8,230,000
     수수료비용   30,000

   * 일부 교재에서는 수수료비용 대신에 지급수수료 계정을 사용하기도 하는데, 같은 의미이다.

[2] (차) 매도가능증권   8,230,000   (대) 현금   8,230,000

[3] (차) 단기매매증권   1,000,000   (대) 단기매매증권평가이익   1,000,000

   * ⌈ 단기매매증권 장부금액 < 단기매매증권 공정가치 : 단기매매증권평가이익 인식
     ⌊ 단기매매증권 장부금액 > 단기매매증권 공정가치 : 단기매매증권평가손실 인식

[4] (차) 매도가능증권   1,000,000   (대) 매도가능증권평가이익   1,000,000

[5] (차) 보통예금   4,950,000   (대) 단기매매증권   4,500,000
                             단기매매증권처분이익   450,000

[6] (차) 보통예금   5,950,000   (대) 단기매매증권   5,000,000
                             단기매매증권처분이익   950,000

   * 보유중인 단기매매증권의 절반을 처분했으므로, 단기매매증권도 절반에 해당하는 5,000,000원의 감소만 인식하여야 한다.

[1] 만기까지 보유할 목적으로 만기 3년인 채권을 30,000,000원에 취득하였다. 대금은 전액 보통예금에서 이체하여 지급하였다.

(차)   (대)

[2] 단기간 자금운용 목적으로 보유하던 주식 (장부금액 10,000,000원)이 시장성을 상실하게 되었으며, 이 주식의 공정가치는 3,000,000원이 되었다. 재분류에 대한 회계처리를 하시오.

(차)   (대)

[3] 매도가능증권의 장부금액은 10,000,000원이고, 모두 당기에 취득한 것이다. 이 매도가능증권 전부를 10,100,000원에 처분하였으며, 처분수수료 200,000원을 제외한 금액은 당좌예금에 입금되었다.

(차)   (대)

*[4] 기업이 보유한 (주)부산의 매도가능증권 금액은 다음과 같다. 매도가능증권 전부를 5,000,000원에 처분하였으며, 처분수수료 50,000원을 공제한 금액이 보통예금에 입금되었다.

전기 취득금액	전기말 공정가치
4,000,000원	4,500,000원

(차)   (대)

*[5] 기업이 보유한 (주)광주의 매도가능증권 금액은 다음과 같다. 이 매도가능증권의 절반을 12,000,000원에 처분하였으며, 처분대금은 보통예금에 입금되었다.

전기 취득금액	전기말 공정가치
20,000,000원	22,000,000원

(차)   (대)

⚙ 해답

[1] (차) 만기보유증권   30,000,000   (대) 보통예금   30,000,000

[2] (차) 단기매매증권평가손실   7,000,000   (대) 단기매매증권   10,000,000
      매도가능증권   3,000,000

[3] (차) 당좌예금   9,900,000   (대) 매도가능증권   10,000,000
      매도가능증권처분손실   100,000

    * 처분수수료 200,000원이 발생하였으므로, 결과적으로 10,000,000원에 취득한 매도가능증권을 9,900,000원에 처분한 것이다.

[4] (차) 매도가능증권평가이익   500,000   (대) 매도가능증권   4,500,000
      보통예금   4,950,000   매도가능증권처분이익   950,000

    * 처분하는 시점의 매도가능증권 관련 금액은 다음과 같다. 4,000,000원에 취득했던 매도가능증권을 전기말에 4,500,000원으로 평가했으므로 매도가능증권평가이익은 500,000원이 있는 상태이다.

매도가능증권	매도가능증권평가이익
4,500,000	500,000

    이 상황에서 매도가능증권을 처분하면 매도가능증권과 매도가능증권평가이익을 감소시켜야 한다.

[5] (차) 매도가능증권평가이익   1,000,000   (대) 매도가능증권   11,000,000
      보통예금   12,000,000   매도가능증권처분이익   2,000,000

회계처리 전 매도가능증권의 관련 금액은 다음과 같다.

매도가능증권	매도가능증권평가이익
22,000,000	2,000,000

단, 문제에서 매도가능증권의 절반을 처분했다고 하였으므로, 관련 계정과목의 절반만 감소시켜야 한다.

투자자산

[1] 부동산 투기목적으로 토지 100,000,000원에 취득하고, 당좌수표를 발행하여 지급하였다. 취득수수료가 2,000,000원이 발생하였는데, 취득수수료는 현금으로 지급하였다.

 (차)   (대)

[2] 장부금액이 50,000,000원인 투자부동산을 60,000,000원에 처분하였다. 대금은 전액 당좌수표로 받았다.

 (차)   (대)

[3] 신한은행과 당좌거래 계약을 하고, 보증금으로 10,000,000원, 당좌예금 1,000,000원을 보통예금 계좌에서 이체하여 지급하였다.

 (차)   (대)

[4] 현금 30,000,000원을 거래처에 대여해 주었다. 원금은 1년 후에 10,000,000원, 2년 후에 10,000,000원, 3년 후에 10,000,000원씩 받을 예정이다.

 (차)   (대)

[5] 기말 결산시 회사가 장기대여금으로 인식한 금액 중 10,000,000원은 만기가 1년 이내에 도래하게 되었다. 유동성 대체를 하시오.

 (차)   (대)

[6] 장기대여금으로 인식한 금액 중 10,000,000원을 조기회수하고, 이자 500,000원을 같이 받아서 보통예금 계좌에 입금하였다.

 (차)   (대)

해답

[1] (차) 투자부동산   102,000,000   (대) 당좌예금   100,000,000
    현금   2,000,000

[2] (차) 현금   60,000,000   (대) 투자부동산   50,000,000
    투자자산처분이익   10,000,000

[3] (차) 특정현금과예금   10,000,000   (대) 보통예금   11,000,000
    당좌예금   1,000,000

* 당좌계약을 하면서 납입하는 보증금은 특정현금과예금으로 처리한다. 특정현금과예금은 장기금융상품의 범위에 해당된다.

[4] (차) 단기대여금   10,000,000   (대) 현금   30,000,000
    장기대여금   20,000,000

[5] (차) 단기대여금   10,000,000   (대) 장기대여금   10,000,000

[6] (차) 보통예금   10,500,000   (대) 장기대여금   10,000,000
    이자수익   500,000

기타비유동자산

[1] 부동산임대차 계약을 하고, 임차보증금 10,000,000원과 1개월분 임차료 1,000,000원을 당좌수표를 발행하여 지급하였다. (임차료는 비용처리 하시오).

  (차)   (대)

[2] 부동산 임대차 계약기간이 종료되어 임차보증금 10,000,000원을 회수하여 보통예금 계좌에 입금하였다.

  (차)   (대)

[3] 받을어음 10,000,000원에 대하여 거래처의 부도가 발생했다는 통보를 받았다. 기타비유동자산 계정을 사용하여 회계처리 하시오.

  (차)   (대)

[4] 제품을 30,000,000원에 판매하고, 대금 중에서 10,000,000원은 즉시 현금으로 받았고, 10,000,000원은 1년 후에, 나머지 10,000,000원은 2년 후에 받기로 하였다. (부가가치세는 고려하지 않고 회계처리 하시오).

  (차)   (대)

★★[5] 법인세법상 납부할 법인세는 50,000,000원이고, 회계상 납부할 법인세는 40,000,000원이다. 세법상 납부할 법인세와 회계상 계산된 법인세의 차액은 전액 일시적 차이로 인한 것이다. 법인세는 미지급상태이다. 기타비유동자산 계정을 사용하여 회계처리 하시오.

  (차)   (대)

★★[6] 법인세법상 납부할 법인세는 50,000,000원이고, 회계상 납부할 법인세는 60,000,000원이다. 세법상 납부할 법인세와 회계상 계산된 법인세의 차액은 전액 일시적 차이로 인한 것이다. 법인세는 미지급상태이다. 법인세는 미지급상태이다. 부채계정을 사용하여 회계처리 하시오. [5]와 이어지는 문제는 아니다.

  (차)   (대)

해답

[1] (차) 임차보증금   10,000,000   (대) 당좌예금   11,000,000
        임차료   1,000,000

[2] (차) 보통예금   10,000,000   (대) 임차보증금   10,000,000

[3] (차) 부도어음과수표   10,000,000   (대) 받을어음   10,000,000

[4] (차) 현금   10,000,000   (대) 제품매출   30,000,000
        받을어음   10,000,000
        장기받을어음   10,000,000

[5] (차) 법인세비용   40,000,000   (대) 미지급세금   50,000,000
        이연법인세자산   10,000,000

* 이연법인세자산(부채)가 발생하는 원인은 세법상 법인세와 회계상 법인세가 차이가 발생하는 경우에 발생한다. 세법과 회계의 차이는 각 규정의 차이에 따라 발생할 수 있다. 예를 들어, 기업회계에서는 단기매매증권평가이익을 영업외수익으로 인식하지만 법인세법에서는 익금으로 인정하지 않고 있다.
세법상 법인세가 회계상 계산된 법인세보다 많은 때에는 법인세에 대한 선급금 성격으로 보아 이연법인세자산을 인식한다. 반대로 세법상 법인세가 회계상 계산된 법인세보다 적은 때에는 법인세에 대한 미지급금 성격으로 보아 이연법인세부채라는 계정을 사용하게 된다.

[6] (차) 법인세비용   60,000,000   (대) 미지급세금   50,000,000
                                         이연법인세부채   10,000,000

토지, 건물, 구축물, 건설중인자산 (1)

[1] 대표이사가 과거에 100,000,000원에 취득했었고, 시가가 150,000,000원인 토지를 무상으로 기증해 주었다. 취득세 2,000,000원이 발생하였으며, 취득세는 현금으로 납부하였다.

  (차)   (대)

[2] 토지를 취득하고, 액면금액 5,000원, 공정가치 8,000원인 주식 10,000주를 발행하여 지급하였다.

  (차)   (대)

[3] 공장건물에 현금 30,000,000원을 지급하여 교량을 설치하였다. 부가가치세는 고려하지 않고 회계처리 하시오.

  (차)   (대)

[4] 과거에 80,000,000원에 취득했던 토지를 75,000,000원에 처분하였다. 처분금액은 전액 수표로 받았다.

  (차)   (대)

[5] 건물을 100,000,000원(부가가치세 별도)에 취득하면서 세금계산서를 수취하였다. 취득대금 전액을 만기 6개월인 어음으로 결제하였다. 부가가치세를 고려하여 회계처리 하시오.

  (차)   (대)

★[6] 전기까지 인식한 건설중인 자산의 장부금액은 150,000,000원이었으며 당기에 50,000,000원의 현금을 추가로 지출하고 건물을 완공하였다.

  (차)   (대)

⚙ **해답**

[1] (차) 토지   152,000,000   (대) 자산수증이익   150,000,000
                                                현금   2,000,000

[2] (차) 토지   80,000,000   (대) 자본금   50,000,000
                                                주식발행초과금   30,000,000

[3] (차) 구축물   30,000,000   (대) 현금   30,000,000
   * 토지에 건물 이외의 것을 설치하였다면 구축물로 회계처리한다.

[4] (차) 현금   75,000,000   (대) 토지   80,000,000
       유형자산처분손실   5,000,000

[5] (차) 부가세대급금   10,000,000   (대) 미지급금   110,000,000
       건물   100,000,000
   * 재고자산의 구입이 아닌 유형자산의 구입시 지급하는 어음은 미지급금으로 처리하여야 한다.

[6] (차) 건물   200,000,000   (대) 건설중인자산   150,000,000
                                                현금   50,000,000

토지, 건물, 구축물, 건설중인자산 (2)

[1] 토지와 건물을 일괄하여 120,000,000원에 취득하였다. 취득 당시 토지의 공정가치는 90,000,000원, 건물의 공정가치는 60,000,000원이었으며, 대금은 전액 당좌수표를 발행하여 지급하였다. 부가가치세는 고려하지 마시오.

(차)   (대)

[2] 토지와 건물을 일괄하여 120,000,000원에 취득하였으며 대금은 전액 당좌수표를 발행하여 지급하였다. 취득 당시 토지의 공정가치는 90,000,000원, 건물의 공정가치는 60,000,000원이었다. 취득하자마자 현금 20,000,000원을 지급하여 기존 건물을 철거하였다. 부가가치세는 고려하지 말고 회계처리 하시오.

(차)   (대)

[3] 기존에 사용하던 건물을 20,000,000원 (부가세 별도)에 처분하였다. 처분당시 건물의 취득원가는 50,000,000원, 감가상각누계액은 40,000,000원이었다. 대금은 전액 1개월 후에 받기로 하였다. 부가가치세를 고려하여 회계처리 하시오.

(차)   (대)

[4] 건물에 대하여 엘리베이터 설치비용으로 80,000,000원 (부가세 별도), 도색비로 1,000,000원 (부가세 별도)을 현금으로 지급하였다. 부가가치세를 고려하지 않는다.

(차)   (대)

★[5] 기존에 사용하던 건물을 현금 10,000,000원 (부가세 별도)을 지급하고, 철거하였다. 철거당시 건물의 취득원가는 50,000,000원, 감가상각누계액은 40,000,000원이었다. 부가가치세를 고려하여 회계처리 하시오.

(차)   (대)

해답

[1] (차) 토지　　　　　　72,000,000　　(대) 당좌예금　　　　　120,000,000
　　　건물　　　　　　48,000,000

* 토지와 건물의 취득원가 총액은 120,000,000원이다. 이를 9:6의 비율로 안분한다면 토지는 72,000,000원, 건물은 48,000,000원이 계산된다.

[2] (차) 토지　　　　　　122,000,000　　(대) 당좌예금　　　　　120,000,000
　　　　　　　　　　　　　　　　　　　　　현금　　　　　　　20,000,000

* 토지와 건물을 일괄하여 취득한 후에 건물을 즉시 철거하는 경우에는 건물의 순철거비용까지 토지의 취득원가에 포함시킨다.

[3] (차) 감가상각누계액　　40,000,000　　(대) 부가세예수금　　　　2,000,000
　　　미수금　　　　　22,000,000　　　　건물　　　　　　　50,000,000
　　　　　　　　　　　　　　　　　　　　유형자산처분이익　　10,000,000

[4] (차) 건물　　　　　　80,000,000　　(대) 현금　　　　　　　81,000,000
　　　수선비　　　　　1,000,000

[5] (차) 부가세대급금　　　1,000,000　　(대) 건물　　　　　　　50,000,000
　　　감가상각누계액　　40,000,000　　　　현금　　　　　　　11,000,000
　　　유형자산처분손실　20,000,000

* 기존에 사용하던 건물을 철거하는 경우의 구건물의 장부금액은 처분손실에 추가된다. 이 문제에서는 장부금액 10,000,000원인 자산을 현금 10,000,000원을 지급하고 처분했으므로 20,000,000원의 차액이 유형자산처분손실이 된다.

기계장치, 차량운반구

Part 30

[1] 기계장치를 20,000,000원에 취득하였다. 대금 중 절반은 현금으로 지급하고, 나머지는 1개월 후에 지급하기로 하였다. 부가가치세는 무시하시오.

(차)   (대)

[2] 홍수가 발생해서 공장이 침수되었으며 취득원가 50,000,000원, 감가상각누계액 20,000,000원인 기계장치를 폐기처분 하였다.

(차)   (대)

[3] 기계장치의 핵심부품을 2,000,000원의 현금을 지급하고, 교체하였다. 부품 교체를 통해 기계장치의 내용연수는 2년 정도 추가 될 것으로 예상된다. 부가가치세는 고려하지 말고, 회계처리 하시오.

(차)   (대)

[4] 차량운반구를 30,000,000원에 취득하고, 취득세 1,000,000원을 납부하였다. 추가로 차량 취득과 관련하여 공정가치가 800,000원인 국공채를 1,000,000원에 강제매입 하였다. 국공채는 즉시 처분하였으며 대금지불은 전액 보통예금에서 이체하여 지급하였다. 부가가치세는 고려하지 않고, 회계처리 하시오.

(차)   (대)

[5] 기말 결산시 차량운반구에 대해서 2,000,000원을 감가상각 한다.

(차)   (대)

★★[6] 사용하던 차량운반구를 10,000,000원에 현금을 받고 처분하였다. 차량운반구의 취득원가는 40,000,000원이고, 전기말까지 감가상각누계액은 20,000,000원이었다. 처분일까지 당기 감가상각비는 5,000,000원이라고 할 때, 감가상각비에 대한 회계처리와 유형자산의 처분에 대한 회계처리를 각각 행하시오. 단, 부가가치세는 고려하지 않는다.

(차)   (대)

⚙ 해답

[1] (차) 기계장치   20,000,000   (대) 현금   10,000,000
     미지급금   10,000,000

[2] (차) 감가상각누계액   20,000,000   (대) 기계장치   50,000,000
     재해손실   30,000,000

[3] (차) 기계장치   2,000,000   (대) 현금   2,000,000

     * 내용연수가 연장되는 지출은 자본적 지출로 처리한다.

[4] (차) 차량운반구   31,200,000   (대) 보통예금   31,200,000

[5] (차) 감가상각비   2,000,000   (대) 감가상각누계액   2,000,000

[6] (차) 감가상각비   5,000,000   (대) 차량운반구   40,000,000
     감가상각누계액   20,000,000
     현금   10,000,000
     유형자산처분손실   5,000,000

     * 회계기간 중에 유형자산을 처분하는 경우에는 처분일까지 감가상각을 한 후에 유형자산을 처분하여야 한다.
     ① 유형자산의 감가상각
       (차) 감가상각비   5,000,000   (대) 감가상각누계액   5,000,000
       이 회계처리를 하면 감가상각누계액의 잔액은 25,000,000원이 된다.
     ② 유형자산의 처분
       (차) 감가상각누계액   25,000,000   (대) 차량운반구   40,000,000
       (차) 현금   10,000,000
       (차) 유형자산처분손실   5,000,000
       해답에서 감가상각누계액은 순액 20,000,000원으로 기록하였다.

Part 31

비품과 소모품

[1] 업무에 사용할 컴퓨터를 3,000,000원, A4용지를 500,000원에 현금으로 구입하고, 간이영수증을 받았다. 자산으로 회계처리 하시오.

(차)   (대)

[2] 컴퓨터에 사용할 회계프로그램을 2,000,000원(부가세 별도)에 현금구입하고, 세금계산서를 수취하였다. 부가가치세를 고려하여 회계처리 하시오.

(차)   (대)

[3] 다음의 비품에 대하여 기말결산일의 회계처리를 하시오.

> ① 회계연도 : 20x1. 1. 1 ~ 20x1. 12.31
> ② 비품 취득일자 : 20x1. 7. 1
> ③ 비품 취득금액 5,000,000원
> ④ 내용연수 5년, 잔존가치 0원, 정액법으로 감가상각

(차)   (대)

[4] 판매용으로 보유하고 있던 컴퓨터 (원가 : 1,000,000원, 시가 : 1,500,000원)를 업무에 사용하는 목적으로 용도를 전환하였다.

(차)   (대)

[5] 취득원가가 30,000,000원, 감가상각누계액이 20,000,000원 비품을 15,000,000원에 처분하였다. 대금 중 10,000,000원은 수표로 받고, 나머지는 1개월 후에 받기로 하였다. (부가가치세는 고려하지 않는다.)

(차)   (대)

★[6] 비품의 취득원가는 50,000,000원이고, 기말 결산시 감가상각을 한 후 비품의 감가상각누계액은 10,000,000원이다. 이 비품의 사용가치는 20,000,000원이고, 순매각가치는 10,000,000원일 때 손상차손에 대한 회계처리를 하시오.

(차)   (대)

해답

[1] (차) 비품　　　　　　　　3,000,000　　　(대) 현금　　　　　　　3,500,000
　　　소모품　　　　　　　　500,000

[2] (차) 부가세대급금　　　　200,000　　　(대) 현금　　　　　　　2,200,000
　　　소프트웨어　　　　　2,000,000

[3] (차) 감가상각비　　　　　500,000　　　(대) 감가상각누계액　　500,000

* 당해연도 7월 1일에 취득한 자산을 감가상각할 때에는 6개월분만 감가상각하여야 한다.

$$5,000,000원 \times \frac{1년}{5년} \times \frac{6개월}{12개월} = 500,000원$$

[4] (차) 상품　　　　　　　　1,000,000　　　(대) 비품　　　　　　　1,000,000

[5] (차) 감가상각누계액　　20,000,000　　　(대) 비품　　　　　　30,000,000
　　　현금　　　　　　　10,000,000　　　　유형자산처분이익　5,000,000
　　　미수금　　　　　　5,000,000

[6] (차) 유형자산손상차손　20,000,000　　　(대) 감가상각누계액　20,000,000

* 손상차손을 인식하기 전 유형자산의 장부금액은 40,000,000원이었다. 손상차손을 인식할 때는 유형자산의 사용가치와 매각가치 중 큰 금액으로 조정한다.

Part 32

유형자산의 교환

★[1] 취득원가 50,000,000원, 감가상각누계액이 30,000,000원인 기계장치를 다른 기계장치와 교환하였다.

(차)   (대)

★[2] 취득원가 50,000,000원, 감가상각누계액이 30,000,000원인 기계장치의 공정가치를 25,000,000원으로 인정받아서 공정가치 25,000,000원인 차량운반구와 교환하였다.

(차)   (대)

★[3] 취득원가 50,000,000원, 감가상각누계액이 30,000,000원인 기계장치의 공정가치를 25,000,000원으로 인정받아서, 현금 5,000,000원을 추가로 지급하고, 공정가치 30,000,000원인 차량운반구와 교환하였다.

(차)   (대)

★[4] 취득원가 50,000,000원, 감가상각누계액이 30,000,000원인 차량운반구의 공정가치를 15,000,000원으로 인정받아서, 현금 5,000,000원을 수령하고, 공정가치가 10,000,000원인 기계장치와 교환하였다.

(차)   (대)

★★[5] 취득원가 50,000,000원, 감가상각누계액이 30,000,000원인 기계장치를 제공하면서 현금 20,000,000원을 추가로 제공하고, 공정가치가 35,000,000원인 다른 기계장치와 교환하였다.

(차)   (대)

해답

[1] (차) 기계장치(신)　　　　　20,000,000　　(대) 기계장치(구)　　　　　50,000,000
　　　감가상각누계액　　　　30,000,000

* 동종자산간 교환을 하는 경우에는 제공하는 자산의 장부금액을 취득원가로 한다. 동종자산 교환시에는 처분손익이 발생하지 않는다.

[2] (차) 감가상각누계액　　　　30,000,000　　(대) 기계장치　　　　　　　50,000,000
　　　차량운반구　　　　　　25,000,000　　　　유형자산처분이익　　　 5,000,000

* 이종자산간 교환을 하는 경우에는 제공하는 자산의 공정가치를 취득원가로 한다. 이종자산 교환시에는 "공정가치-장부금액" 만큼 처분손익이 발생한다.

[3] (차) 감가상각누계액　　　　30,000,000　　(대) 기계장치　　　　　　　50,000,000
　　　차량운반구　　　　　　30,000,000　　　　현금　　　　　　　　　 5,000,000
　　　　　　　　　　　　　　　　　　　　　　　유형자산처분이익　　　 5,000,000

* 자산 교환시 현금이 일부 거래되는 경우에는 거래금액을 반영한다. 본 문제에서는 공정가치 25,000,000원인 자산과 현금 5,000,000원을 제공하였으므로 새로운 자산의 취득원가는 30,000,000원이 된다.

[4] (차) 감가상각누계액　　　　30,000,000　　(대) 차량운반구　　　　　　50,000,000
　　　현금　　　　　　　　　 5,000,000
　　　기계장치　　　　　　　10,000,000
　　　유형자산처분손실　　　 5,000,000

[5] (차) 감가상각누계액　　　　30,000,000　　(대) 기계장치(구)　　　　　50,000,000
　　　기계장치(신)　　　　　35,000,000　　　　현금　　　　　　　　　20,000,000
　　　유형자산처분손실　　　 5,000,000

* 동종자산의 교환이라 하더라도 현금거래액의 크기가 중요한 경우(거래금액의 25% 이상)에는 이종자산의 교환으로 본다. 35,000,000원의 기계장치를 취득하면서 현금 20,000,000원을 제공했다는 것은, 보유하고 있던 기계장치의 공정가치를 15,000,000원 밖에 인정받지 못했다는 의미이다.

Part 33

정부보조금

*[1] 산업통상자원부로부터 정부보조금 40,000,000원을 받아서 보통예금에 입금하였다. 지원 받은 보조금 중에 절반은 5년 후에 상환하여야 하며, 나머지는 상환의무가 없는 보조금이다.

(차)　　　　　　　　　　　　　　(대)

*[2] 기계장치를 40,000,000원에 취득하였다. 대금은 전액 보통예금에서 지급하였으며, 보통예금 중에서 20,000,000원의 정부보조금이 포함되어 있다. 유형자산 취득에 대한 회계처리와 정부보조금 대체분개를 각각 행하되 부가가치세는 무시하시오.

(차)　　　　　　　　　　　　　　(대)

*[3] 20x1년 12월 31일 결산시 감가상각을 한다. 관련 자산의 정보는 다음과 같다.

> ① 취득일자 : 20x1. 1. 1
> ② 취득원가 : 40,000,000원 (정부보조금으로 취득한 20,000,000원이 포함)
> ③ 내용연수 : 5년
> ④ 정액법 상각, 잔존가치 없음

(차)　　　　　　　　　　　　　　(대)

*[4] 취득원가 40,000,000원이고, 정부보조금이 16,000,000원, 감가상각누계액 8,000,000원인 기계장치를 현금 20,000,000원을 받고 처분하였다.

(차)　　　　　　　　　　　　　　(대)

해답

[1] (차) 보통예금   40,000,000   (대) 정부보조금   40,000,000

 * 보통예금의 차감적 성격으로 정부보조금을 인식한다.

[2] (차) 기계장치   40,000,000   (대) 보통예금   40,000,000
      정부보조금   20,000,000   정부보조금   20,000,000
      (보통예금차감)   (기계장치차감)

 * 보통예금의 차감적 성격인 정부보조금을 기계장치의 차감적 성격인 정부보조금으로 변경해 준다.

[3] (차) 감가상각비   4,000,000   (대) 감가상각누계액   8,000,000
      정부보조금   4,000,000

 * 감가상각을 하면서 정부보조금도 상각을 한다. 정부보조금 상각액만큼 감가상각비로 인식하는 금액이 감소하게 된다.

[4] (차) 감가상각누계액   8,000,000   (대) 기계장치   40,000,000
      정부보조금   16,000,000   유형자산처분이익   4,000,000
      현금   20,000,000

 * 유형자산을 처분할 때에는 정부보조금도 감가상각누계액 처럼 감소시킨다.

Part 34

외상매입금

[1] 상품을 5,000,000원에 외상으로 매입하고, 운반비 10,000원이 별도로 발생하여 현금으로 납부하였다. (부가가치세는 고려하지 않는다.)

(차)   (대)

[2] 상품 $10,000를 외상으로 매입하였다. 매입 당시 1달러당 환율은 다음과 같다. 부가가치세는 고려하지 않는다. (기준환율 : 1,100원, 대고객 외국환 매입율 : 1,200원, 대고객 외국환 매도율 : 1,000원)

(차)   (대)

[3] 외상매입금 $10,000 (원화로 환산한 금액은 11,000,000원)을 전액 현금으로 상환하였다. 상환 시점의 1달러당 금액은 1,000원이었다.

(차)   (대)

[4] 외상매입금 10,000,000원을 상환하면서 6,000,000원만 현금 지급하고, 나머지는 채무를 면제 받았다.

(차)   (대)

[5] 외상매입금 5,000,000원의 상환일자가 되었는데, 이를 만기 6개월인 차입금으로 전환 하였다.

(차)   (대)

해답

[1] (차) 상품   5,010,000   (대) 외상매입금   5,000,000
     현금   10,000

[2] (차) 상품   11,000,000   (대) 외상매입금   11,000,000

[3] (차) 외상매입금   11,000,000   (대) 현금   10,000,000
     외환차익   1,000,000

[4] (차) 외상매입금   10,000,000   (대) 현금   6,000,000
     채무면제이익   4,000,000

[5] (차) 외상매입금   5,000,000   (대) 단기차입금   5,000,000

[1] 원재료 500,000원, 상품 1,000,000원을 구입하고, 만기 3개월인 어음을 발행하여 결제하였다. (부가가
치세는 고려하지 않는다.)

   (차)   (대)

[2] 업무에 사용할 차량을 6,000,000원에 구입하고, 만기 3개월인 어음을 발행하여 결제하였다.

   (차)   (대)

[3] 현금 6,000,000원을 6개월 만기로 차입하면서 어음을 발행해 주었다.

   (차)   (대)

[4] 상품을 외상매입하고 발행했던 어음 1,500,000원에 대하여 수표를 발행하여 결제해 주었다.

   (차)   (대)

[5] 외상매입금 10,000,000원을 어음을 발행하여 상환하였다.

   (차)   (대)

[6] 상품을 5,000,000원(부가세 별도)에 구입하고, 세금계산서를 수취하였다. 대금은 만기 2년인 어음을 발
행하여 지급하였다. (부가가치세를 고려하시오)

   (차)   (대)

[7] 외상매입금 1,000,000원을 상환하면서, 약정기일보다 빨리 상환함으로써 20,000원을 할인받고, 나머지
는 보통예금에서 계좌이체 하여 상환하였다.

   (차)   (대)

⚙ 해답

[1] (차) 원재료   500,000   (대) 지급어음   1,500,000
     상품   1,000,000

[2] (차) 차량운반구   6,000,000   (대) 미지급금   6,000,000

[3] (차) 현금   6,000,000   (대) 단기차입금   6,000,000

[4] (차) 지급어음   1,500,000   (대) 당좌예금   1,500,000

[5] (차) 외상매입금   10,000,000   (대) 지급어음   10,000,000

[6] (차) 부가세대급금   500,000   (대) 장기지급어음   5,500,000
     상품   5,000,000

[7] (차) 외상매입금   1,000,000   (대) 매입할인   20,000
                              보통예금   980,000

Part 36

미지급금, 미지급세금

[1] 공장에서 사용할 기계를 20,000,000원 (부가세 제외)에 취득하였다. 대금 중 부가가치세 부분은 현금으로 지급하고, 나머지는 2개월 후에 지급하기로 하였다.

(차)   (대)

[2] 차량운반구를 12,000,000원에 취득하였다. 대금은 매월 1,000,000원씩 12개월 할부로 지급하기로 하였으며, 1개월 후부터 지급하기로 하였다.

(차)   (대)

[3] 비품 외상대금 990,000원을 계좌이체 수수료 3,000원과 함께 보통예금에서 계좌이체 하여 지급하였다.

(차)   (대)

[4] 업무에 사용할 소모품을 80,000원에 구입하고, 신용카드로 결제하였다. 비용처리하며, 부가가치세에 대한 회계처리를 하지 않는다.

(차)   (대)

[5] 신용카드 사용대금 결제일이 되어서 카드 사용대금 80,000원이 보통예금 계좌에서 결제되었다.

(차)   (대)

[6] 업무에 사용할 소모품을 80,000원에 구입하고, 체크카드로 결제하였다. 비용처리하며, 부가가치세에 대한 회계처리를 하지 않는다.

(차)   (대)

[7] 연간 납부할 법인세는 10,000,000원이고, 이 중에는 이미 납부한 선납세금이 2,000,000원이 포함되어 있다.

(차)   (대)

⚙ 해답

[1] (차) 부가세대급금   2,000,000   (대) 현금   2,000,000
       기계장치   20,000,000   미지급금   20,000,000

[2] (차) 차량운반구   12,000,000   (대) 미지급금   12,000,000

[3] (차) 미지급금   990,000   (대) 보통예금   993,000
       수수료비용   3,000

[4] (차) 소모품비   80,000   (대) 미지급금   80,000

[5] (차) 보통예금   80,000   (대) 미지급금   80,000

[6] (차) 소모품비   80,000   (대) 보통예금   80,000

     * 체크카드는 보통예금으로 처리

[7] (차) 법인세비용   10,000,000   (대) 선납세금   2,000,000
                                  미지급세금   8,000,000

Part 37

예수금

[1] 직원에게 급여를 3,000,000원 지급하면서 국민연금 200,000원, 건강보험료 100,000원, 소득세 100,000원을 제외한 금액을 보통예금에서 이체하여 지급하였다.

(차)   (대)

[2] 지난 달에 직원에게 급여를 지급하면서 원천징수한 소득세 100,000원을 현금으로 납부하였다.

(차)   (대)

[3] 지난 달에 직원에게 급여를 지급하면서 원천징수한 국민연금 200,000원과 회사부담분 200,000원을 현금으로 납부하였다. 회사부담분 국민연금은 세금과공과로 처리하시오.

(차)   (대)

[4] 지난 달에 직원에게 급여를 지급하면서 원천징수한 건강보험 100,000원과 회사부담분 100,000원을 현금으로 납부하였다. 회사부담분 건강보험은 복리후생비로 처리하시오.

(차)   (대)

[5] 외부강사에게 직원들의 안전교육을 의뢰하고, 교육비 1,000,000원을 지급하였다. 교육비 중에서 소득세 등으로 33,000원을 제외한 금액은 보통예금에서 이체하여 지급하였다.

(차)   (대)

[6] 거래처의 차입금에 대하여 이자 1,000,000원을 지급하면서 소득세 250,000원을 제외한 금액을 보통예금에서 이체하여 지급하였다.

(차)   (대)

⚙ 해답

[1] (차) 급여   3,000,000   (대) 예수금   400,000

[1] (차) 급여	3,000,000	(대) 예수금	400,000
		보통예금	2,600,000
[2] (차) 예수금	100,000	(대) 현금	100,000
[3] (차) 예수금	200,000	(대) 현금	200,000
세금과공과	200,000		
[4] (차) 예수금	100,000	(대) 현금	200,000
복리후생비	100,000		
[5] (차) 교육훈련비	1,000,000	(대) 예수금	33,000
		보통예금	967,000
[6] (차) 이자비용	1,000,000	(대) 예수금	250,000
		보통예금	750,000

Part 38

단기차입금, 장기차입금

[1] 현금 20,000,000원을 차입하였다. 차입금 중에서 10,000,000원은 1년 후에 상환할 예정이고, 나머지 10,000,000원은 2년 후에 상환할 예정이다.

(차)   (대)

[2] 단기차입금 9,000,000원의 만기가 도래하여 이자 500,000원과 같이 보통예금에서 계좌이체 하여 상환하였다.

(차)   (대)

[3] 보유중인 건물을 담보로 제공하고 10,000,000원을 만기 3년 조건으로 차입하였다. 담보설정수수료 500,000원을 제외한 금액을 당좌예금 계좌에 입금하였다.

(차)   (대)

[4] 단기차입금 5,000,000원의 만기가 도래하였는데, 만기를 2년 더 연장해 주기로 합의하였다.

(차)   (대)

[5] 기말 결산시 장기차입금 중 10,000,000원은 만기가 1년 이내에 도래하는 것으로 확인되었다.

(차)   (대)

★[6] 기업구매자금대출제도를 이용하여 외상매입금 5,000,000원을 결제하였다. 단, 기업구매자금의 만기는 2개월이다.

(차)   (대)

🔧 해답

[1] (차) 현금   20,000,000   (대) 단기차입금   10,000,000

                                                  장기차입금   10,000,000

[2] (차) 이자비용   500,000   (대) 보통예금   9,500,000

       단기차입금   9,000,000

[3] (차) 당좌예금   9,500,000   (대) 장기차입금   10,000,000

       수수료비용   500,000

    * 여기에서 수수료비용은 영업외비용에 해당된다.

[4] (차) 단기차입금   5,000,000   (대) 장기차입금   5,000,000

[5] (차) 장기차입금   10,000,000   (대) 유동성장기부채   10,000,000

[6] (차) 외상매입금   5,000,000   (대) 단기차입금   5,000,000

    * 기업구매자금 대출제도는 원재료, 상품 등의 외상대금을 금융기관에서 대신 결제를 해주는 제도이다. 그리고, 외상으로 매입한 기업은 해당 금융기관에 외상대금 결제금액과 이자를 상환하게 된다. 매출을 한 입장에서는 위험성이 큰 어음 보다는 현금을 받을 수 있는 장점이 있다. 한편 매입하는 기업이 이 제도를 이용하는 경우에는 법인세법상 세액공제를 받을 수 있다.

배당관련 계정

[1] 주주총회에서 현금배당 10,000,000원, 주식배당 4,000,000원, 이익준비금 적립 1,000,000원을 할 것을 결의하였다.

(차)   (대)

[2] 과거에 결의한 10,000,000원의 현금배당을 실시하였다. 원천징수는 고려하지 마시오.

(차)   (대)

[3] 과거에 결의한 주식배당 4,000,000원에 대하여 주식배당을 실시하였다.

(차)   (대)

[4] 주주총회에서 중간배당 2,000,000원을 하기로 결정하였다. 배당금은 즉시 현금으로 지급하였다. 원천징수는 고려하지 않는다.

(차)   (대)

[5] 보유한 주식에 대하여 2,000,000원의 현금배당을 받았다. 원천징수세액은 고려하지 않는다.

(차)   (대)

★[6] 보유한 주식에 대하여 2,000,000원의 주식배당을 받았다. 원천징수세액은 고려하지 않는다.

(차)   (대)

해답

[1] (차) 이월이익잉여금 15,000,000 (대) 미지급배당금 10,000,000
미교부주식배당금 4,000,000
이익준비금 1,000,000

[2] (차) 미지급배당금 10,000,000 (대) 현금 10,000,000

[3] (차) 미교부주식배당금 4,000,000 (대) 자본금 4,000,000

[4] (차) 이월이익잉여금* 2,000,000 (대) 현금 2,000,000

    * 중간배당금으로 처리하기도 한다.

[5] (차) 현금 2,000,000 (대) 배당금수익 2,000,000

[6] 분개 없음

    * 주식배당을 받는 경우에는 보유주식수는 증가하나 1주당 금액이 감소하여 주가총액은 변화가 없게 된다. 따라서 주식배당을 받는 경우에는 회계처리를 하지 않는다.

[1] 액면금액 10,000,000원인 사채를 현금 9,500,000원을 받고 발행하였다.

(차)   (대)

[2] 액면금액 10,000,000원인 사채를 현금 10,500,000원을 받고 발행하였다.

(차)   (대)

[3] 액면금액 10,000,000원인 사채를 9,500,000원을 받고 발행하면서 수수료 100,000원을 공제한 금액을 현금으로 받았다.

(차)   (대)

★[4] 사채의 액면금액은 10,000,000원이고, 사채할인발행차금은 400,000원이 있다. 사채의 유효이자율은 10%이고, 액면이자율은 8%이다. 이자는 매년말 1회 후급조건이라고 할 때 이자지급에 대한 회계처리를 하시오. 이자는 현금으로 지급하였다.

(차)   (대)

★[5] 액면금액 10,000,000원, 사채할인발행차금이 300,000원이 남아 있는 사채를 현금 9,800,000원을 지급하고 상환하였다.

(차)   (대)

★[6] 액면금액 10,000,000원, 사채할증발행차금이 300,000원이 남아 있는 사채를 현금 10,100,000원을 지급하고 상환하였다.

(차)   (대)

★[7] 액면금액 10,000,000원, 사채할인발행차금이 400,000원이 남아 있는 사채의 절반을 현금 4,600,000원을 지급하고 상환하였다.

(차)   (대)

⚙ 해답

[1] (차) 현금   9,500,000   (대) 사채   10,000,000
      사채할인발행차금   500,000

[2] (차) 현금   10,500,000   (대) 사채   10,000,000
            사채할증발행차금   500,000

[3] (차) 현금   9,400,000   (대) 사채   10,000,000
      사채할인발행차금   600,000

[4] (차) 이자비용   960,000   (대) 현금   800,000
            사채할인발행차금   160,000

    * 이자비용 = 사채의 장부금액 × 유효이자율
          = (10,000,000 - 400,000) × 10% = 960,000원

[5] (차) 사채   10,000,000   (대) 사채할인발행차금   300,000
      사채상환손실   100,000   현금   9,800,000

    * 거래일 전의 사채와 사채할인발행차금의 상황은 다음과 같다.

사채		사채할인발행차금	
	10,000,000	300,000	

여기에서 사채와 사채할인발행차금을 제거하고, 현금상환액을 기록하면 사채상환손익을 계산할 수 있다. 본 문제에서는 장부금액 9,700,000원 (사채 액면금액 - 사채할인발행차금 + 사채할증발행차금) 보다 100,000 원의 대가를 더 지급하였으므로 사채상환손실이 나오게 된다.

[6] (차) 사채   10,000,000   (대) 현금   10,100,000
      사채할증발행차금   300,000   사채상환이익   200,000

[7] (차) 사채   5,000,000   (대) 사채할인발행차금   200,000
            현금   4,600,000
            사채상환이익   200,000

    * 보유중인 사채의 절반을 처분하므로 사채할인발행차금도 절반만 제거하게 된다.

Part 41

퇴직금 관련 회계처리

[1] 기말 결산시 직원의 퇴직급여충당부채를 5,000,000원 만큼 추가로 설정한다.

　(차)　　　　　　　　　　　　　　　(대)

[2] 현재 퇴직급여충당부채는 3,000,000원이 있다. 직원 퇴직금으로 5,000,000원을 지급하면서 소득세 등으로 200,000원을 제외한 금액은 보통예금으로 지급하였다.

　(차)　　　　　　　　　　　　　　　(대)

[3] 보통예금에서 1,000,000원을 이체하여 확정급여형 퇴직연금을 납입하였다. 납입한 금액 중 1%는 보험사의 사업비에 충당한다.

　(차)　　　　　　　　　　　　　　　(대)

[4] 보통예금에서 1,000,000원을 이체하여 확정기여형 퇴직연금을 납입하였다. 납입한 금액 중 1%는 보험사의 사업비에 충당한다.

　(차)　　　　　　　　　　　　　　　(대)

[5] 보유 중인 확정급여형 퇴직연금에서 운용수익 1,000,000원이 발생하였다. 이자수익 계정을 사용하시오.

　(차)　　　　　　　　　　　　　　　(대)

⚙ 해답

[1] (차) 퇴직급여   5,000,000   (대) 퇴직급여충당부채   5,000,000

[1] (차) 퇴직급여	5,000,000	(대) 퇴직급여충당부채	5,000,000
[2] (차) 퇴직급여충당부채	3,000,000	(대) 예수금	200,000
퇴직급여	2,000,000	보통예금	4,800,000
[3] (차) 수수료비용	10,000	(대) 보통예금	1,000,000
퇴직연금운용자산	990,000		
[4] (차) 수수료비용	10,000	(대) 보통예금	1,000,000
퇴직급여	990,000		
[5] (차) 퇴직연금운용자산	1,000,000	(대) 이자수익	1,000,000

* 이자수익이 아니더라도 영업외수익 중에 계정과목을 등록하여 사용할 수도 있다. (예 : 퇴직연금운용수익 등)
단, 케이렙이나 더존아이플러스, 핵심 ERP 같은 수험용 프로그램에서 퇴직연금운용수익 계정과목이 등록되
어 있지 않으므로, 여기에서는 이자수익을 답안으로 제시하였다.

채권채무조정

★[1] 장기대여금 10,000,000원에 대하여 무이자로 만기를 2년 연장해 주기로 채권채무조정을 한다. 조정일 현재 대손충당금 잔액은 5,000,000원이 있으며, 조정 후 장기대여금의 현재가치는 9,000,000원이 된다. 채권자 입장에서 회계처리 하시오.

(차)   (대)

★[2] 장기차입금 10,000,000원에 대하여 무이자로 만기를 2년 연장받기로 채권채무조정을 한다. 조정 후 장기차입금의 현재가치는 9,000,000원이 된다. 채무자 입장에서 회계처리 하시오.

(차)   (대)

★[3] 장기대여금 10,000,000원에 대한 채권채무조정을 한다. 채권자는 채무자가 발행하는 공정가치가 9,000,000원인 주식을 받고 채무관계를 종결한다. 조정일 현재 대손충당금 잔액은 5,000,000원이 있으며, 교부받는 주식은 매도가능증권으로 한다. 채권자 입장에서 회계처리 하시오.

(차)   (대)

★★[4] 장기차입금 10,000,000원에 대한 채권채무조정을 한다. 채무자는 액면금액 5,000,000원, 공정가치가 9,000,000원인 주식을 교부하고, 채무관계를 종결한다. 채무자 입장에서 회계처리 하시오.

(차)   (대)

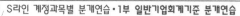

★[5] 장기대여금 10,000,000원에 대한 채권채무조정을 한다. 채권자는 채무자로부터 시가 9,000,000원인 토
   지를 받고 채무관계를 종결한다. 조정일 현재 대손충당금 잔액은 없다. 채권자 입장에서 회계처리 하시오.

   (차)   (대)

★[6] 장기차입금 10,000,000원에 대한 채권채무조정을 한다. 채무자는 취득원가 5,000,000원, 시가 9,000,000
   원인 토지를 제공하고, 채무관계를 종결한다. 채무자 입장에서 회계처리 하시오.

   (차)   (대)

채권채무조정의 회계처리

채무자의 자금여건이 악화되어 자금 상환이 거의 불가능한 경우에는 당사자 간에 합의를 할 수 있는데 이를 채권채무조정이라고 한다.

채권채무조정의 방법에는 지급조건 변경 (원금 및 이자감면, 만기연장), 자산 이전, 주식발행 등의 방법이 있으며, 각 상황별 채권채무조정의 회계처리는 다음과 같다.

1. 채권자 입장

1) 조건 변경
   ① 조건 변경후 대여금의 현재가치를 계산한다.
   ② 차액만큼 대손충당금 및 대손상각비로 처리한다.
2) 자산 이전
   ① 수령하는 자산의 공정가치를 인식한다.
   ② 차액만큼 대손충당금 및 대손상각비로 처리한다.
3) 주식 이전
   ① 수령하는 주식 (매도가능증권이나 단기매매증권으로 처리)의 공정가치를 인식한다.
   ② 차액만큼 대손충당금 및 대손상각비로 처리한다.

2. 채무자 입장

1) 조건 변경
   ① 조건 변경후 차입금의 현재가치를 계산한다.
   ② 차액만큼 채무조정이익을 인식한다.
2) 자산 이전
   ① 제공하는 자산의 공정가치와 장부금액을 인식한다. 제공하는 자산의 공정가치가 장부금액보다 큰 경우에는 자산수증이익을 인식한다.
   ② 차입금과 제공하는 자산의 차액만큼 채무조정이익을 인식한다.
3) 주식 이전
   ① 발행하는 주식의 공정가치를 인식하고, 액면금액과 차액은 주식발행초과금으로 처리한다.
   ② 차입금과 제공하는 주식의 차액만큼 채무조정이익을 인식한다.

해답

[1] (차) 대손충당금   1,000,000   (대) 장기대여금   1,000,000

   * 만기연장 등의 조건으로 채권채무조정시 조정전 현재가치와 조정후 현재가치의 차액은 대손으로 처리한다.

[2] (차) 장기차입금   1,000,000   (대) 채무조정이익   1,000,000

[3] (차) 매도가능증권   9,000,000   (대) 장기대여금   10,000,000
      대손충당금   1,000,000

[4] (차) 장기차입금   10,000,000   (대) 자본금   5,000,000
                                        주식발행초과금   4,000,000
                                        채무조정이익   1,000,000

   * 주식을 발행하여 채무관계를 종결하기로 한 경우에는 주식의 공정가치와 액면금액과 차이를 주식발행초과금으로 처리한다. 차입금과 주식 공정가치의 차액은 채무조정이익이 된다.

[5] (차) 토지   9,000,000   (대) 장기대여금   10,000,000
      대손충당금   1,000,000

[6] (차) 장기차입금   10,000,000   (대) 토지   5,000,000
                                          유형자산처분이익   4,000,000
                                        채무조정이익   1,000,000

   * 제공하는 토지의 공정가치와 장부금액의 차액은 유형자산처분이익으로 한다. 차입금과 제공하는 유형자산 공정가치의 차액은 채무면제이익으로 처리한다.

Part 43

주식발행

[1] 액면금액 5,000원인 주식 1,000주를 1주당 6,000원의 현금을 받고 발행하였다.

(차)   (대)

[2] 액면금액 5,000원인 주식 1,000주를 1주당 6,000원을 받고 발행하였다. 주식발행비용 100,000원을 제외한 금액을 보통예금으로 받았다.

(차)   (대)

[3] 액면금액이 5,000,000원인 주식을 발행하면서 시가 8,000,000원인 기계장치를 받았다.

(차)   (대)

★[4] 액면금액 5,000원인 주식 1,000주를 1주당 4,000원의 현금을 받고 발행하였다. 단, 주식발행초과금 잔액이 600,000원이 있다.

(차)   (대)

★[5] 액면금액 5,000원인 주식 1,000주를 1주당 6,000원의 현금을 받고 발행하였다. 단, 주식할인발행차금 잔액이 600,000원이 있다.

(차)   (대)

해답

[1] (차) 현금   6,000,000   (대) 자본금   5,000,000
                                                  주식발행초과금   1,000,000

[2] (차) 보통예금   5,900,000   (대) 자본금   5,000,000
                                                  주식발행초과금   900,000

       * 주식발행비용만큼은 주식발행초과금에서 차감한다.

[3] (차) 기계장치   8,000,000   (대) 자본금   5,000,000
                                                  주식발행초과금   3,000,000

[4] (차) 현금   4,000,000   (대) 자본금   5,000,000
         주식발행초과금   600,000
         주식할인발행차금   400,000

       * 주식을 할인발행하는 경우에는 우선 주식발행초과금을 감소시키고, 초과액은 주식할인발행차금으로 회계처리
         한다.

[5] (차) 현금   6,000,000   (대) 자본금   5,000,000
                                                  주식할인발행차금   600,000
                                                주식발행초과금   400,000

자기주식

[1] 액면금액 800,000원인 자기주식을 현금 1,000,000원을 받고 취득하였다.

  (차)   (대)

[2] 장부상 금액이 1,000,000원인 자기주식을 현금 1,300,000원을 받고 처분하였다.

  (차)   (대)

[3] 장부상 금액이 1,000,000원인 자기주식을 현금 700,000원을 받고 처분하였다. 단, 장부상에는 자기주식처분이익 잔액이 100,000원이 있다.

  (차)   (대)

[4] 과거에 액면금액 1,000,000원인 자기주식을 800,000원에 취득했었는데, 이 자기주식을 전액 소각하였다.

  (차)   (대)

[5] 과거에 액면금액 1,000,000원인 자기주식을 1,300,000원에 취득했었는데, 이 자기주식을 전액 소각하였다. 단, 장부상에는 감자차익 잔액이 100,000원이 있다.

  (차)   (대)

해답

[1] (차) 자기주식   1,000,000   (대) 현금   1,000,000

 * 자기주식의 취득원가는 취득을 위하여 지급한 대가로 한다.

[2] (차) 현금   1,300,000   (대) 자기주식   1,000,000
                                                자기주식처분이익   300,000

[3] (차) 현금   700,000   (대) 자기주식   1,000,000
       자기주식처분이익   100,000
       자기주식처분손실   200,000

 * 자기주식처분손실이 발생하는 상황에서 자기주식처분이익이 있는 경우에는 우선 자기주식처분이익을 감소시키
   고, 부족액은 자기주식처분손실로 처리한다.

[4] (차) 자본금   1,000,000   (대) 자기주식   800,000
                                                감자차익   200,000

 * 액면금액이 1,000,000원인 자기주식을 소각하면서 800,000원만 지출한 것이므로 200,000원만큼 감자차익
   이 된다.

[5] (차) 자본금   1,000,000   (대) 자기주식   1,300,000
       감자차익   100,000
       감자차손   200,000

 * 주식소각시 감자차손이 발생하는 경우에는 우선 감자차익 잔액을 확인한다. 감자차익을 우선 감소시켜주고,
   차액을 감자차손으로 회계처리 한다.

[1] 장부상 외상매출금 잔액은 $10,000이며, 원화로 환산한 금액은 10,000,000원이다. 기말 결산시 $1당 금액은 1,100원일 때, 외화환산을 하시오.

(차)　　　　　　　　　　　　　　(대)

[2] 장부상 외상매출금 잔액은 $10,000이며, 원화로 환산한 금액은 10,000,000원이다. 기말 결산시 $1당 금액은 900원일 때, 외화환산을 하시오.

(차)　　　　　　　　　　　　　　(대)

[3] 장부상 외상매입금 잔액은 $10,000이며, 원화로 환산한 금액은 10,000,000원이다. 기말 결산시 $1당 금액은 1,100원일 때, 외화환산을 하시오.

(차)　　　　　　　　　　　　　　(대)

[4] 장부상 외상매입금 잔액은 $10,000이며, 원화로 환산한 금액은 10,000,000원이다. 기말 결산시 $1당 금액은 900원일 때, 외화환산을 하시오.

(차)　　　　　　　　　　　　　　(대)

[5] 장부상 외상매출금 잔액은 $10,000이며, 원화로 환산한 금액은 10,000,000원이다. $1당 금액이 1,100원일 때 전액 현금으로 회수하였다.

(차)　　　　　　　　　　　　　　(대)

[6] 장부상 외상매입금 잔액은 100,000엔이며, 원화로 환산한 금액은 1,000,000원이다. 상환시 100엔당 금액이 1,100원일 때 전액 현금으로 상환하였다.

(차)　　　　　　　　　　　　　　(대)

★[7] 합계잔액시산표상 단기대여금과 단기차입금 내역은 다음과 같다. 기말 결산시 환율이 1달러당 1,100원이 되었을 때 회계처리를 하시오.

계정과목	외화 금액	원화 금액
단기대여금	10,000달러	10,000,000원
단기차입금	5,000달러	5,000,000원

(차)　　　　　　　　　　　　　　(대)

⚙ 해답

[1] (차) 외상매출금   1,000,000   (대) 외화환산이익   1,000,000

[2] (차) 외화환산손실   1,000,000   (대) 외상매출금   1,000,000

[3] (차) 외화환산손실   1,000,000   (대) 외상매입금   1,000,000

[4] (차) 외상매입금   1,000,000   (대) 외화환산이익   1,000,000

[5] (차) 현금   11,000,000   (대) 외상매출금   10,000,000
                                           외환차익   1,000,000

[6] (차) 외상매입금   1,000,000   (대) 현금   1,100,000
      외환차손   100,000

* 일본 엔화의 경우에는 보통 100엔당 얼마인지로 공시를 하는데, 문제에서 100엔당 1,100원이라고 했으므로, 1엔당 11원이라고 할 수 있다. 따라서 100,000엔의 외상매입금을 상환할 때 1,100,000원을 지급하는 것으로 볼 수 있다.

[7] (차) 단기대여금   1,000,000   (대) 외화환산이익   1,000,000
      외화환산손실   500,000   단기차입금   500,000

* 외화환산이익과 외화환산손실은 상계하지 않고, 따로따로 회계처리 하여야 한다.

[1] 지방소득세 종업원분 (균등할 주민세) 10,000원이 고지되어 현금으로 납부하였다.

　(차)　　　　　　　　　　　　　　(대)

[2] 지난달 납부한 법인세에 대한 지방소득세 소득분 (소득할 주민세) 300,000원을 현금으로 납부하였다.

　(차)　　　　　　　　　　　　　　(대)

[3] 지난달에 취득한 토지에 대한 취득세 1,000,000원을 보통예금에서 인출하여 납부하였다.

　(차)　　　　　　　　　　　　　　(대)

[4] 보유하고 있는 건물에 대한 종합부동산세 2,000,000원이 고지되어 당좌예금에서 인출하여 납부하였다.

　(차)　　　　　　　　　　　　　　(대)

[5] 업무 중에 교통위반을 하여 벌금 50,000원을 현금으로 납부하였다.

　(차)　　　　　　　　　　　　　　(대)

[6] 지난달 급여지급시 원천징수한 국민연금에 대하여 종업원 부담분 300,000원과 회사 부담분 300,000원을 현금으로 납부하였다. 세금과공과 계정을 사용한다.

　(차)　　　　　　　　　　　　　　(대)

★[7] 부가가치세 매출세액은 3,000,000원, 부가가치세 매입세액은 2,000,000원이다. 가산세가 200,000원 발생하여 부가가치세 납부세액과 가산세를 현금으로 납부하였다. (가산세는 판매비와관리비로 처리한다).

　(차)　　　　　　　　　　　　　　(대)

해답

[1] (차) 세금과공과   10,000   (대) 현금   10,000

[2] (차) 법인세비용   300,000   (대) 현금   300,000
* 지방소득세 소득분은 법인세비용으로 처리한다.

[3] (차) 토지   1,000,000   (대) 보통예금   1,000,000
* 자산의 취득과 관련된 세금은 자산으로 처리하고, 보유와 관련된 세금은 비용으로 처리한다.

[4] (차) 세금과공과   2,000,000   (대) 당좌예금   2,000,000

[5] (차) 세금과공과   50,000   (대) 현금   50,000

[6] (차) 예수금   300,000   (대) 현금   600,000
     세금과공과   300,000

[7] (차) 부가세예수금   3,000,000   (대) 부가세대급금   2,000,000
     세금과공과   200,000   현금   1,200,000

제조원가

[1] 생산직 아르바이트생의 수당 600,000원을 보통예금에서 이체하여 지급하였다.

(차)   (대)

[2] 원재료의 가공을 다른 기업에 의뢰하고, 800,000원을 지급하였다. 대금은 미지급 상태이며 일반적 상거래라고 가정한다.

(차)   (대)

[3] 생산직 종업원의 임금 7,000,000원과 상여금 3,000,000원을 지급한다. 소득세와 4대보험 등으로 1,000,000원을 공제하고, 잔액은 보통예금에서 이체하여 지급한다.

(차)   (대)

[4] 공장 가스요금 500,000원, 수도요금 300,000원이 고지되어 현금으로 납부하였다.

(차)   (대)

[5] 공장 건물의 화재에 대비하기 위하여 보험료 500,000원을 현금으로 납부하였다.

(차)   (대)

[6] 공장에서 사용할 소모용 공구를 100,000원에 신용카드로 구매하였다. 비용으로 처리하시오.

(차)   (대)

⚙ 해답

[1] (차) 잡급   600,000   (대) 현금   600,000

[2] (차) 외주가공비   800,000   (대) 외상매입금   800,000

    * 외주가공비에 대한 미지급액은 외상매입금, 미지급금 둘 다 사용가능하다. 단, 본 문제에서와 같이 일반적 상
      거래라고 언급을 했으면, 외상매입금으로 처리할 것을 권장한다.

[3] (차) 임금   7,000,000   (대) 예수금   1,000,000
     상여금   3,000,000   보통예금   9,000,000

    * 본 문제와 같은 경우에는 임금으로 10,000,000원을 기록하기 보다는 상여금을 구분해서 기록하도록 한다.

[4] (차) 가스수도료   800,000   (대) 현금   800,000
    * 가스요금과 수도요금은 가스수도료 계정을 사용한다.

[5] (차) 보험료   500,000   (대) 현금   500,000

[6] (차) 소모품비   100,000   (대) 미지급금   100,000
    * 소모공구비로 사용할 수도 있다.

기타 판매비와 관리비 (1)

Part 48

[1] 사무직 직원들과 회식을 하고 600,000원의 현금을 지출하였다.

(차)   (대)

[2] 거래처 직원들과 회식을 하고 600,000원을 신용카드로 결제하였다.

(차)   (대)

[3] 영업부 직원이 직원이 출장을 다녀와서 출장비 300,000원을 현금으로 지급해 주었다.

(차)   (대)

[4] 과거에 납부하지 않고, 미지급비용으로 처리했던 전화요금 200,000원을 현금으로 납부하였다.

(차)   (대)

[5] 신제품 개발과 관련하여 연구단계에 해당하는 지출 200,000원, 개발단계에 해당하는 지출 300,000원을 현금으로 납부하였다.

(차)   (대)

[6] 신입사원이 입사하여 명함인쇄 비용으로 30,000원의 현금을 지출하였다.

(차)   (대)

[7] 광고목적으로 제품의 사진을 촬영하고, 사진 현상비용 100,000원을 현금으로 지출하였다.

(차)   (대)

[8] 회사 휴게실에 게시할 목적으로 회사 내부 전경 사진을 촬영하고, 사진 현상비용 100,000원을 현금으로 지출하였다.

(차)   (대)

⚙ 해답

[1] (차) 복리후생비 600,000 (대) 현금 600,000

[2] (차) 접대비 600,000 (대) 미지급금 600,000

[3] (차) 여비교통비 300,000 (대) 현금 300,000

[4] (차) 미지급비용 200,000 (대) 현금 200,000

   * 통신비를 인식하는 회계처리는 과거에 인식했을 것이므로 여기에서는 미지급비용의 감소만 처리한다.

[5] (차) 경상연구개발비 200,000 (대) 현금 500,000
       개발비 300,000

[6] (차) 도서인쇄비 300,000 (대) 현금 300,000

[7] (차) 광고선전비 100,000 (대) 현금 100,000

   * 주된 목적이 광고이므로 도서인쇄비 보다는 광고선전비가 더 적당하다.

[8] (차) 도서인쇄비 100,000 (대) 현금 100,000

   * 회사 내부 전경사진이 종업원의 사기향상과 이어진다고 보기는 어려우므로, 복리후생비 보다는 도서인쇄비가 더 적당하다.

기타 판매비와 관리비 (2)

[1] 공장 건물 사용료로 2,000,000원을 보통예금에서 이체하여 지급하였다. 부가가치세는 고려하지 않는다.

(차)   (대)

[2] 기계장치에 대한 운용리스 계약을 한 상태이다. 당월 기계 사용료 500,000원을 보통예금에서 이체하여 지급하였다.

(차)   (대)

[3] 신용카드로 매출한 금액 5,000,000원에 대하여 카드사 수수료 200,000원을 공제한 금액이 보통예금에 입금되었다. 과거에 신용카드로 매출한 금액은 외상매출금으로 회계처리 했었다.

(차)   (대)

[4] 기말 결산시 특허권에 대하여 300,000원을 상각한다.

(차)   (대)

[5] 보유하고 있는 원재료 200,000원을 공장 기계장치를 고치는 데 사용하였다.

(차)   (대)

[6] 1년분 자동차 보험료 1,200,000원을 현금 납부하고, 비용으로 처리하였다.

(차)   (대)

[7] 기업의 로고를 디자이너에게 의뢰하고, 1,000,000원을 지급하게 되었다. 이 중에서 소득세 등 33,000원을 제외한 금액을 보통예금에서 이체하여 지급하였다. 수수료비용 계정을 사용하시오.

(차)   (대)

[8] 사무실 대청소를 지시하고, 청소작업을 한 용역 직원에게 현금 500,000원을 지급하였다. 수수료비용 계정을 사용하시오.

(차)   (대)

⚙ 해답

[1] (차) 임차료   2,000,000   (대) 보통예금   2,000,000

[2] (차) 임차료   500,000   (대) 보통예금   500,000

* 설비를 임차해서 사용하는 것을 리스라고 한다. 리스는 운용리스와 금융리스로 구분한다. 운용리스로 분류되는 경우에는 임차료로 회계처리 하고, 금융리스로 분류되는 경우에는 장기할부구입 규정에 준용하여 회계처리 한다.

[3] (차) 수수료비용   200,000   (대) 외상매출금   5,000,000
          보통예금   4,800,000

[4] (차) 무형자산상각비   300,000   (대) 특허권   300,000

[5] (차) 수선비   200,000   (대) 원재료   200,000

[6] (차) 보험료   1,200,000   (대) 현금   1,200,000

[7] (차) 수수료비용   1,000,000   (대) 예수금   33,000
                                           보통예금   967,000

[8] (차) 수수료비용   500,000   (대) 현금   500,000

* 만약 문제에서 계정과목이 주어지지 않았다면 잡비 등의 계정과목을 사용할 수도 있다.

Part 50

영업외손익

[1] 육군 1234부대에 원가 500,000원, 시가 900,000원인 제품을 무상으로 기증하였다.

　(차)　　　　　　　　　　　　　　(대)

[2] 단기대여금 3,000,000원의 회수가 불가능하게 되어 대손처리한다. 현재 단기대여금에 대한 대손충당금 잔액은 2,000,000원이 있다.

　(차)　　　　　　　　　　　　　　(대)

[3] 전기에 발생한 경비 300,000원을 현금으로 지급한 회계처리를 누락한 것을 당기에 발견하였다. 단, 중대하지 않은 오류라고 가정한다.

　(차)　　　　　　　　　　　　　　(대)

[4] 장부금액이 6,000,000원인 단기매매증권을 7,000,000원에 처분한다. 처분수수료 100,000원을 제외한 금액은 보통예금으로 받았다.

　(차)　　　　　　　　　　　　　　(대)

[5] 과거에 공장 건물을 신축하면서 100,000,000원을 차입했었는데, 차입금 이자 5,000,000원이 발생하여, 이자를 보통예금에서 이체하여 지급하였다. 일반기업회계기준의 원칙에 따라 처리하시오.

　(차)　　　　　　　　　　　　　　(대)

[6] 과거에 공장 건물을 신축하면서 100,000,000원을 차입했었는데, 차입금 이자 5,000,000원이 발생하여, 이자를 보통예금에서 이체하여 지급하였다. 자산으로 처리하시오. (건물은 아직 미완성된 상태이다).

　(차)　　　　　　　　　　　　　　(대)

★[7] 당기에 취득한 단기매매증권과 매도가능증권의 장부금액과 기말 공정가치는 다음과 같다. 기말 결산 분개를 행하시오.

계정과목	장부금액	기말 공정가치
단기매매증권	2,000,000원	2,500,000원
매도가능증권	2,000,000원	1,500,000원

　(차)　　　　　　　　　　　　　　(대)

★[8] 합계잔액시산표상 매도가능증권 잔액은 5,000,000원, 매도가능증권평가이익은 1,000,000원이 있다. 이 매도가능증권을 현금 6,000,000원을 받고 처분한다.

(차)   (대)

★[9] 신제품 개발을 위해 투자한 금액이 10,000,000원을 개발비라는 무형자산으로 기록하였다. 그런데, 경쟁기업에서 더 좋은 신제품 개발에 성공함에 따라 해당 프로젝트를 더 이상 하지 않기로 하였다.

(차)   (대)

혼동하기 쉬운 계정과목(1)

1. 매출채권과 미수금, 매입채무와 미지급금

매출채권에는 외상매출금과 받을어음이 있으며, 매입채무에는 외상매입금과 지급어음이 있다. 이들의 관계를 정리하면 다음과 같다.

	외상판매	외상구입
재고자산의 외상거래, 어음거래	외상매출금, 받을어음 (매출채권)	외상매입금, 지급어음 (매입채무)
재고자산 이외의 외상거래, 어음거래	미수금	미지급금

[사 례]

(1) 상품을 판매하고, 대가를 나중에 받기로 한다면?   외상매출금

(2) 토지를 처분하고, 대가를 나중에 받기로 한다면?   미수금

(3) 제품을 판매하고, 어음으로 대가를 받으면?   받을어음

(4) 건물을 처분하고, 어음으로 대가를 받으면?   미수금

(5) 상품을 매입하고, 대가를 나중에 지급하기로 한다면?   외상매입금

(6) 원재료를 매입하고, 대가를 어음으로 지급하면?   지급어음

(7) 기계장치를 취득하고, 대가를 나중에 지급하기로 한다면?   미지급금

2. 대손상각비, 대손충당금

- 대손상각비 : 매출채권의 회수가 불가능할 때 인식하는 비용 (판매비와관리비)이다.
- 대손충당금 : 매출채권 잔액의 일정비율만큼 채권회수 불가능에 대비한 금액 (자산의 차감적 평가계정)이다. 대손충당금을 설정할 때에는 증가하고, 대손이 발생할 때 감소하게 된다.

3. 소모품과 소모품비

- 소모품 : 업무에 사용하면서 사용기간이 비교적 단기인 자산을 말한다.
- 소모품비 : 소모품을 사용하여 소멸하는 경우에 인식하는 비용

⚙ 해답

[1] (차) 기부금   500,000   (대) 제품   500,000

[2] (차) 대손충당금   2,000,000   (대) 단기대여금   3,000,000
      기타대손상각비   1,000,000

[3] (차) 전기오류수정손실   300,000   (대) 현금   300,000

[4] (차) 보통예금   6,900,000   (대) 단기매매증권   6,000,000
                                      단기매매증권처분이익   900,000

[5] (차) 이자비용   5,000,000   (대) 보통예금   5,000,000

    * 자가건물등을 제작하면서 차입금의 이자가 발생하는 경우, 원칙적으로는 이자비용으로 처리하고, 회사 선택에
      따라 자산의 취득원가에 포함할 수 있다.

[6] (차) 건설중인자산   5,000,000   (대) 보통예금   5,000,000

[7] (차) 단기매매증권   500,000   (대) 단기매매증권평가이익   500,000
      매도가능증권평가손실   500,000   매도가능증권   500,000

[8] (차) 매도가능증권평가이익   1,000,000   (대) 단기매매증권평가이익   5,000,000
      현금   6,000,000   매도가능증권처분이익   2,000,000

    * 처분시점의 상황은 다음과 같다.

매도가능증권		매도가능증권평가이익	
5,000,000			1,000,000

    이 매도가능증권을 처분하면서 매도가능증권과 매도가능증권평가이익 잔액을 동시에 제거해 준다.

[9] (차) 무형자산손상차손   10,000,000   (대) 개발비   10,000,000

    * 유형자산이나 무형자산, 매도가능증권의 가치가 급격하게 하락하여 회복이 불가능한 경우에는 손상차손을 인
      식한다. 손상차손은 추후에 가치가 회복되면 손상차손환입을 인식할 수 있다.

영수증을 보고 회계처리하기 (1)

[1]

우체국 〈www.epost.go.kr〉

No. 10444374

서울관악우체국
서울 관악구 남부순환로 1645
전화 : 02-889-0014
사업자 No. : 101-83-02925
접수자 : 창구04 김지현
접수일자 : 20x1-01-15
총요금 : 4,000원 (선불)
  (현금 : 4,000원)

〈국내등기우편물〉
발송인 : 137-071 서울 서초구
통 수 : 1통
요금 : 4,000원
등기번호   요금   수취인
7102004004141   4,000

[2] 사무실 직원과 식사한 것임

영수증(공급받는자용)

귀하

공급자	사업자 등록번호	112-01-56412		
	상호	유리식당	성명	유리진
	사업장 소재지	서울 종로구 종로5길 76		
	업태	음식업	종목	식당

작성연월일	공급대가총액	비고
20x1 . 1 .28	45,000	

공 급 내 역

월일	품목	수량	단가	금액
1/28	식대			45,000
	합계			45,000

[3]

영수증(공급받는자용)

귀하

공급자	사업자 등록번호	220-01-69819		
	상호	양명복사	성명	박두철
	사업장 소재지	서울 강남구 논현로 46		
	업태	서비스	종목	복사

작성연월일	공급대가총액	비고
20x1. 02.10	80,000	

위의 금액을 영수(청구)함.

월/일	품목	수량	단가	공급대가(금액)
2/10	명함			30,000
2/10	출력			50,000
	합 계			80,000

부가가치세법시행규칙 제25조의 규정에 의하여 위
금액을 정히 영수함

[4] 비용으로 처리할 것

영수증(공급받는자용)

귀하

공급자	사업자 등록번호	106-09-49677		
	상호	이노전산	성명	장보순
	사업장 소재지	서울시 영등포구 당산로 102		
	업태	도소매	종목	전산소모품

작성연월일	공급대가총액	비고
20x1. 5.30	74,000	

위의 금액을 영수(청구)함.

월/일	품목	수량	단가	공급대가(금액)
5/30	키보드	2	12,000	24,000
5/30	마우스	2	10,000	20,000
5/30	스피커	2	15,000	30,000
	합 계			74,000

부가가치세법시행규칙 제25조의 규정에 의하여 위 금액을 정히
영수함

해답

[1] (차) 통신비   4,000   (대) 현금   4,000

[2] (차) 복리후생비   45,000   (대) 현금   45,000

[3] (차) 도서인쇄비   80,000   (대) 현금   80,000

[4] (차) 소모품비   74,000   (대) 현금   74,000

Part 52

영수증을 보고 회계처리하기 (2)

[1] 제품을 판매하면서 다음의 운송장을 수령하였다.

운송장 No. 400-8591-3582	접수 : 20x1년 12월 24일	배달예정일 : 년 월 일	
받는 고객	☎ 010) 8888 - 6666	성명 : 그린양봉 (상호)	수량 : 1 착불, (선불), 착불 금액 : 5,000원
	주소 : 대구광역시 중구 동성로 65		
보내는 고객	☎ 010) 666 - 1234	성명 : 군자기업 (상호)	
	주소 : 서울 서초구 서초동 1663 군자빌딩 501호		
	LOGEN	로젠택배	
		로젠주식회사	1588-9988

[2] 법인균등주민세 고지서를 받고, 현금으로 납부하였다. (납기내)

산출내역 납기내	서울특별시 동작구 20x1년 8월 주민세 (법인균등할) **납세자보관용**
8,000원 주민세 6,400원 지방교육세 1,600원	**납 세 자** (주)솔로몬 **주 소** 서울 동작구 장승배기로 107 ▼ 인터넷 납부시 일련번호 **납세번호** 기관번호 5905607 세목 10104001 과세번호 0064023
납기후(3% 가산) 8,230원 주민세 6,590원 지방교육세 1,640원	**과세대상** (주)솔로몬 **납기내** 8,000원 20x1.8.31 까지 **체납세액** 20x1.7.18 현재 법인균등할 **납기후** 8,230원 주민세 미납액이 없습니다.
납부장소 전국 은행 본, 지점 (한국은행제외) 농, 수협, 우체국	위의 금액을 납부하시기 바랍니다. 위의 금액을 영수합니다. 20x1년 8월 10일 년 월 일 (인) 서울특별시 동작 구청장 (인)

[3] 영업부 직원의 지방출장과 관련된 자료이다.

■ 이용안내	승차일 20x1년 8월 16일 (월)
1. 이 홈 티켓 (Home-ticket)은 철도승차권이며 해당 열차에 지정승차자가 승차하여야 합니다.	서울 ▶ 부산 Seoul Busan 10:50 13:36 KTX 제 123 열차 일반석 1호차 12석
2. 코레일 직원이 본인 확인을 요구할 경우 신분증을 제시하여야 합니다.	운임요금 41,000 할인금액 1,000 영수액 40,000
3. 열차출발시각 이전에는 인터넷, 역 및 대리점에서 반환이 가능하나 출발시각 이후에는 역과 대리점에서만 반환이 가능합니다. 전화로는 승차권을 반환할 수 없습니다.	어른 현금 승차자 김운주 예약자 김운주 인쇄일시 20x1/08/16 17:39

혼동하기 쉬운 계정과목(2)

1. 직원가불금 - 가지급금과 임직원등단기채권

임직원이 빌려간 회사의 자금이나 직원에 대한 가불금에 대해서는 가지급금이나 임직원등단기채권으로 처리하게 된다.

법인세법에서는 가지급금에 대하여 이자까지 포함하여 회수하도록 규정하고 있으므로, 어느 경우에 가지급금이고, 어느 경우에 임직원등단기채권인지 구분할 수 있어야 한다.

월정액 급여 이내의 금액이면서 급여지급일에 소멸이 예상되는 경우에는 임직원등단기채권으로 처리하고, 금액이 크거나 상환기간이 비교적 장기인 경우에는 가지급금으로 처리한다.

2. 외화환산 관련 회계처리

외화환산의 문제는 기말 결산시 (채권, 채무가 아직 남아 있음)와 채권, 채무의 회수 및 상환시 (채권, 채무가 소멸함)에 발생하게 된다. 이때 사용하는 계정과목을 요약하면 다음과 같다.

	손 실	이 익
기말 결산시	외화환산손실	외화환산이익
회수, 상환시	외환차손	외환차익

3. 선납세금과 예수금

(1) 선납세금 : 소득을 받는 입장에서 원천징수되는 세금
(2) 예수금 : 소득을 지급하는 입장에서 원천징수하는 세금

[사 례]
(1) 이자수익이 발생할 때 세금 일부를 원천납부하고 나머지만 받는 경우   선납세금
(2) 급여, 퇴직금 등을 지갑할 때 세금 일부를 공제하면   예수금

해답

[1] (차) 운반비   5,000   (대) 현금   5,000

[2] (차) 세금과공과   8,000   (대) 현금   8,000

[3] (차) 여비교통비   40,000   (대) 현금   40,000

매출세금계산서를 보고 회계처리하기

[1] 제품을 판매하고, 전자세금계산서를 다음과 같이 발급함

				전자세금계산서(공급받는자 보관용)													책번호				권			호							
																	일련번호														

공급자	등록번호	1 0 8 - 8 1 - 6 4 5 1 6		공급받는자	등록번호	1 3 0 - 3 8 - 2 5 4 1 7	
	상 호 (법인명)	(주)솔로몬	성 명 (대표자) 김운주		상 호 (법인명)	신촌프라자	성 명 (대표자) 김소영
	사업장주소	서울 동작구 장승배기로 106			사업장주소	경기도 광명시 하안로 112	
	업 태	제조, 도매	종 목 가방, 지갑		업 태	서비스	종 목 교육서비스

작 성			공 급 가 액										세 액									비 고
연	월	일	공란수	백	십	억	천	백	십	만	천	백	십	일	십	억	천	백	십	만	천	백	십	일
20x1	10	17	5					1	2	0	0	0	0					1	2	0	0	0	

월	일	품 목	규격	수량	단가	공급가액	세 액	비 고
10	17	가방		2	60,000	120,000	12,000	

합계금액	현금	수표	어음	외상미수금	
132,000	12,000			120,000	이 금액을 영수 함 / 청구

[2] Local L/C에 의하여 제품을 공급하고, 영세율전자세금계산서를 발급함

				전자세금계산서(공급받는자 보관용)													책번호				권			호	
																	일련번호								

공급자	등록번호	1 0 8 - 8 1 - 6 4 5 1 6		공급받는자	등록번호	1 2 5 - 8 1 - 7 7 5 5 9	
	상 호 (법인명)	(주)솔로몬	성 명 (대표자) 김운주		상 호 (법인명)	신사무역	성 명 (대표자) 강희영
	사업장주소	서울 동작구 장승배기로 106			사업장주소	서울 관악구 신사로 102	
	업 태	제조, 도매	종 목 가방, 지갑		업 태		종 목

작 성			공 급 가 액										세 액									비 고
연	월	일	공란수	백	십	억	천	백	십	만	천	백	십	일	십	억	천	백	십	만	천	백	십	일
20x1	10	18	5					1	5	0	0	0	0			영	세			율			

월	일	품 목	규격	수량	단가	공급가액	세 액	비 고
10	18	지갑				150,000		

합계금액	현금	수표	어음	외상미수금	
150,000		150,000			이 금액을 영수 함 / 청구

해답

[1] (차) 현금   12,000   (대) 부가세예수금   12,000
         외상매출금   120,000   제품매출   120,000

[2] (차) 현금   150,000   (대) 제품매출   150,000

매입세금계산서를 보고 회계처리하기

[1] 원재료를 매입하고, 다음의 세금계산서를 수취함

전자세금계산서(공급받는자 보관용)																				책번호				권			호
																				일련번호							

공급자	등록번호	1 2 3 - 8 1 - 1 2 2 2 5												공급받는자	등록번호	1 0 8 - 8 1 - 6 4 5 1 6								
	상호(법인명)	마포피혁				성명(대표자)									상호(법인명)	(주)솔로몬				성명(대표자)			김운주	
	사업장주소	서울 마포구 홍익로 11													사업장주소	서울 동작구 장승배기로 106								
	업태	제조			종목		가죽								업태	제조, 도매			종목			가방, 지갑		

작성			공 급 가 액													세 액												비고
연	월	일	공란수	백	십	억	천	백	십	만	천	백	십	일	십	억	천	백	십	만	천	백	십	일				
20x1	10	20	4					1	0	0	0	0	0	0					1	0	0	0	0	0				

월	일	품 목	규격	수량	단가	공급가액	세 액	비 고
10	20	가죽				1,000,000	100,000	

합계금액	현금	수표	어음	외상미수금	이 금액을 영수 함 청구
1,100,000			1,100,000		

[2] 거래처에 선물할 시계를 구입하고 세금계산서를 수취함

전자세금계산서(공급받는자 보관용)																				책번호				권			호
																				일련번호							

공급자	등록번호	1 3 2 - 8 1 - 2 1 5 7 7												공급받는자	등록번호	1 0 8 - 8 1 - 6 4 5 1 6								
	상호(법인명)	한국시계				성명(대표자)		이은경							상호(법인명)	(주)솔로몬				성명(대표자)			김운주	
	사업장주소	서울 동작구 대림로 10													사업장주소	서울 동작구 장승배기로 106								
	업태	소매			종목		시계								업태	제조, 도매			종목			가방, 지갑		

작성			공 급 가 액													세 액												비고
연	월	일	공란수	백	십	억	천	백	십	만	천	백	십	일	십	억	천	백	십	만	천	백	십	일				
20x1	10	20	4					2	0	0	0	0	0	0					2	0	0	0	0	0				

월	일	품 목	규격	수량	단가	공급가액	세 액	비 고
10	20	시계				2,000,000	200,000	

합계금액	현금	수표	어음	외상미수금	이 금액을 영수 함 청구
2,200,000	2,200,000				

🛠 해답

[1] (차) 부가세대급금   100,000   (대) 지급어음   1,100,000
      원재료   1,000,000

[2] (차) 접대비   2,200,000   (대) 현금   2,200,000

    * 접대비와 같이 매입세액이 공제되지 않는 재화나 용역을 매입하는 경우에는 부가가치세 금액까지 자산이나 비용의 원가에 포함하여 기록한다.

신용카드 매출전표를 보고 회계처리하기

Part 55

[1] 업무용 문구류 구입 (비용처리)

* 이지체크 Easycheck

매출전표

카드종류	거래종류	결제방법
KB카드	신용구매	일시불

회원번호
 9445-4104-****-2006
거래일시 20x1/1/5

    금액/Amount 30,000
    부가세/VAT   3,000
    합계/Total   33,000
    승인번호 2000 1842
가맹점 코끼리문구점
대표자 신원호   tel 5012005
가맹점번호 00039381694
사업자번호 2200637326
주소 서울 강남구 역삼동 827

[2] 거래처 직원과 회식한 자료이다.

키스-체크 KIS-CHECK
 KIS 정보통신(주) www. kisvan.co.kr

현금(지출증빙)승인 전표

카드번호 지출증빙승인
Card No. 108-81-*****
판매일시 20x1/02/16 13:07
    금액 Amount 20,000
    부가세 V.A.T   2,000
    봉사료 TIPS   0
    합계 TOTAL 22,000
승인번호 Approval No. 095021438
가맹점 사업자번호 : 220-05-80525
가맹점명 순토바기 대표자명 임대한
가맹점주소 서울강남구 역삼동 827-4 1층

[3] 종업원 유니폼 구입

신용카드 매출전표

파크랜드 (강남점)
사업자번호 : 206-09-75043 대표 : 이철우
서울시 강남구 역삼로 105
☎ 02-2050-0066

* 신한카드
카드번호 4009-3339- **** - ****
창구매입 유효기간 : 20**년 **월
거래일자 : 20x1년 4월 8일 13:54:28
가맹번호 : 34342424
거래구분 : [일시불]
거래금액 : 200,000원
부가세액 : 20,000원
합 계 : 220,000원
매 입 사 : 신한카드
승인번호 : 35192533

[4] 업무용 승용차(3,000cc) 주유비이다.

SK 주식회사 매출전표	가맹점명, 가맹점주소가 실제와 다른 경우 신고안내(포상금 10만원 지급)

SK 엔크린 카드와 함께 안전운행 하세요.
엔크린보너스 카드로 주유할 때마다 상해보험(교통상해담보)
에 가입됩니다.

KB 기업프리패스 신용구매 전표

카드번호 : 5543-4511-1234-5678
판매일시 : 20x1-05-10 09:28:55
일반 일시불 상품명 경유
공급가액 (원)   : 60,000
부 가 세 (원)   : 6,000
합 계 (원)   : 66,000
승인번호(주유복권번호) 10301555

가맹점번호 : 00047545555
사업자번호 : 121-17-72018
가 맹 점명 : 명동주유소
가맹점주소 : 인천 남구 주안동 126-2

          서명

⚙️ 해답

[1] (차) 부가세대급금   3,000   (대) 미지급금   33,000
       소모품비   30,000

    * 매입세액공제 요건을 갖춘 경우에는 부가세대급금을 별도로 인식한다.

[2] (차) 접대비   22,000   (대) 미지급금   22,000

    * 매입세액불공제 대상은 부가가치세까지 비용에 포함시킨다.

[3] (차) 부가세대급금   20,000   (대) 미지급금   220,000
       소모품비   200,000

    * 복리후생비도 가능하다.

[4] (차) 차량유지비   66,000   (대) 미지급금   66,000

시산표를 보고 기중 회계처리하기 (1)

잔 액	합 계	계정과목	합 계	잔 액
		⋮		
5,000,000	5,000,000	단 기 매 매 증 권		
40,000,000	90,000,000	외 상 매 출 금	50,000,000	
		대 손 충 당 금	600,000	600,000
30,000,000	30,000,000	매 도 가 능 증 권		
50,000,000	50,000,000	차 량 운 반 구		
		감 가 상 각 누 계 액	20,000,000	20,000,000
		외 상 매 입 금	10,000,000	10,000,000
		사 채	10,000,000	10,000,000
500,000	500,000	사 채 할 인 발 행 차 금		
		매도가능증권평가이익	10,000,000	10,000,000
		⋮		

[1] 단기매매증권 전액을 6,000,000원을 받고 처분하였다. 처분수수료 100,000원을 제외한 금액은 보통예금으로 받았다.

(차)   (대)

[2] 거래처의 파산으로 외상매출금 1,000,000원을 대손처리한다.

(차)   (대)

★[3] 보유중인 매도가능증권 전액을 현금 25,000,000원을 받고 처분한다.

(차)   (대)

[4] 보유 중인 차량운반구 전부를 25,000,000원에 처분하였다. 대금은 1개월 후에 받기로 하였다. 부가가
　　치세는 고려하지 않는다.

　(차)　　　　　　　　　　　　　　　　　　(대)

[5] 외상매입금은 전액 외화로 된 외상매입금이며 10,000달러이다. 외상매입금 전액을 현금으로 상환하였으
　　며, 상환당시 환율은 1달러당 1,100원이다.

　(차)　　　　　　　　　　　　　　　　　　(대)

[6] 보유 중인 사채 전부를 현금 9,400,000원을 지급하여 조기 상환하였다.

　(차)　　　　　　　　　　　　　　　　　　(대)

⚙ 해답

[1] (차) 보통예금   5,900,000   (대) 단기매매증권   5,000,000
                                              단기매매증권처분이익   900,000

[2] (차) 대손충당금   600,000   (대) 외상매출금   1,000,000
         대손상각비   400,000

[3] (차) 매도가능증권평가이익   10,000,000   (대) 매도가능증권   30,000,000
         현금   25,000,000   매도가능증권처분이익   5,000,000

[4] (차) 감가상각누계액   20,000,000   (대) 차량운반구   50,000,000
         현금   25,000,000
         유형자산처분손실   5,000,000

[5] (차) 외상매입금   10,000,000   (대) 현금   11,000,000
         외환차손   1,000,000

[6] (차) 사채   10,000,000   (대) 사채할인발행차금   500,000
                                              현금   9,400,000
                                              사채상환이익   100,000

Part 57

시산표를 보고 기중 회계처리하기 (2)

잔 액	합 계	계정과목	합 계	잔 액
		⋮		
10,000,000	10,000,000	단 기 매 매 증 권		
30,000,000	60,000,000	외 상 매 출 금	30,000,000	
11,000,000	11,000,000	매 도 가 능 증 권		
	5,000,000	외 상 매 입 금	45,000,000	40,000,000
		퇴 직 급 여 충 당 부 채	40,000,000	40,000,000
		자 본 금	100,000,000	100,000,000
		감 자 차 익	2,000,000	2,000,000
		자 기 주 식 처 분 이 익	1,000,000	1,000,000
20,000,000	20,000,000	자 기 주 식		
		매도가능증권평가이익	1,000,000	1,000,000
		⋮		

[1] 보유하고 있는 매도가능증권 전액을 현금 12,000,000원을 받고 처분하였다.

(차)   (대)

[2] 외상매출금과 외상매입금은 전액 같은 거래처에 대한 채권, 채무이다. 거래처와 합의하에 외상매출금과 외상매입금을 상계하고, 차액은 현금으로 지급하였다.

(차)   (대)

[3] 직원이 퇴사하여 퇴직금 10,000,000원을 지급한다. 소득세 등으로 500,000원을 공제하고, 나머지는 보통예금으로 지급하였다.

(차)   (대)

[4] 보유하고 있는 자기주식 (액면금액 10,000,000원, 장부금액 20,000,000원)의 절반을 현금 8,000,000원을 받고 처분하였다.

(차)   (대)

[5] 자기주식 중에서 앞의 [2]를 처분하고 나머지 자기주식은 전액 소각하였다.

(차)   (대)

[6] 보유하고 있는 단기매매증권이 시장성을 상실하게 되어 공정가치가 3,000,000원으로 하락하였다. 유가증권 재분류에 대한 회계처리를 하시오.

(차)   (대)

⚙ 해답

[1] (차) 매도가능증권평가이익   1,000,000   (대) 매도가능증권   11,000,000
      현금   12,000,000   매도가능증권처분이익   2,000,000

[2] (차) 외상매입금   40,000,000   (대) 외상매출금   30,000,000
                                    현금   10,000,000

[3] (차) 퇴직급여충당부채   10,000,000   (대) 예수금   500,000
                                    보통예금   9,500,000

[4] (차) 현금   8,000,000   (대) 자기주식   10,000,000
      자기주식처분이익   1,000,000
      자기주식처분손실   1,000,000

* 문제에서 보유중인 자기주식의 절반을 처분한다고 했으므로, 장부상에 있는 자기주식 중 절반인 10,000,000원만 감소시킨다. 회계처리를 할 때에는 우선 자기주식처분이익을 감소시키고 나서 자기주식처분손실을 인식한다.

[5] (차) 자본금   5,000,000   (대) 자기주식   10,000,000
      감자차익   2,000,000
      감자차손   3,000,000

[6] (차) 단기매매증권평가손실   7,000,000   (대) 단기매매증권   10,000,000
      매도가능증권   3,000,000

* 단기매매증권이 시장성을 상실하게 되는 경우에는 우선 평가를 하고나서, 매도가능증권으로 대체를 해준다. (선평가 후대체)

Part 58

시산표를 보고 결산작업하기 (1)

잔 액	합 계	계정과목	합 계	잔 액
		⋮		
120,000,000	220,000,000	외 상 매 출 금	100,000,000	
		대 손 충 당 금	1,000,000	1,000,000
2,000,000	2,000,000	선 납 세 금		
30,000,000	80,000,000	부 가 세 대 급 금	50,000,000	
500,000	500,000	현 금 과 부 족		
150,000,000	150,000,000	상 품		
100,000,000	100,000,000	장 기 대 여 금		
	40,000,000	부 가 세 예 수 금	90,000,000	50,000,000
3,600,000	3,600,000	보 험 료		
		⋮		

[1] 외상매출금 잔액에 대하여 1%만큼 보충법으로 대손충당금을 설정한다.

(차)   (대)

[2] 연간납부할 법인세는 10,000,000원이다. 선납세금을 반영하여 법인세비용 인식에 대한 회계처리를 하시오.

(차)   (대)

[3] 부가가치세 매출세액과 부가가치세 매입세액을 정리하는 회계처리를 하시오. 단, 추가로 납부할 세액이 발생하면 미지급세금으로 회계처리 한다.

(차)   (대)

[4] 기말 결산시까지 현금과부족의 원인을 알 수 없었다.

(차)   (대)

[5] 기말 결산시 상품금액은 20,000,000원이다. 차액의 원인은 전액 상품의 판매에 따른 것이다.

(차)   (대)

[6] 장기대여금에 대한 이자 미수액 2,000,000원이 발생하였다.

(차)   (대)

[7] 당해연도 10월 1일에 1년분 보험료 3,600,000원을 납부하고 전액 비용처리 했었다. 결산분개를 행하시오. (단, 월할계산한다.)

(차)   (대)

해답

[1] (차) 대손상각비   200,000   (대) 대손충당금   200,000

   * 외상매출금 120,000,000원의 1%인 1,200,000원을 대손충당금 잔액으로 하고자 하는데, 현재 1,000,000 원이 있으므로 200,000원만 회계처리를 한다.

[2] (차) 법인세등   10,000,000   (대) 선납세금   2,000,000
                                                 미지급세금   8,000,000

[3] (차) 부가세예수금   50,000,000   (대) 부가세대급금   30,000,000
                                                 미지급세금   20,000,000

[4] (차) 잡손실   500,000   (대) 현금과부족   500,000

[5] (차) 상품매출원가   130,000,000   (대) 상품   130,000,000

[6] (차) 미수수익   2,000,000   (대) 이자수익   2,000,000

[7] (차) 선급비용   2,700,000   (대) 보험료   2,700,000

   * 1년분 보험료가 3,600,000원이므로 1개월간 보험료는 300,000원이 된다. 보험기간이 내년 9월까지이므로 선급 비용은 9개월간 보험료에 해당하는 2,700,000원이 된다.

Part 59

시산표를 보고 결산작업하기 (2)

잔 액	합 계	계정과목	합 계	잔 액
		⋮		
-1,000,000	10,000,000	당 좌 예 금	11,000,000	
40,000,000	50,000,000	단 기 매 매 증 권	10,000,000	
50,000,000	100,000,000	받 을 어 음	50,000,000	
		대 손 충 당 금	800,000	800,000
1,200,000	1,200,000	선 급 비 용		
		선 수 수 익	12,000,000	12,000,000
		장 기 차 입 금	30,000,000	30,000,000
	10,000,000	퇴 직 급 여 충 당 부 채	35,000,000	25,000,000
		⋮		

[1] 단기매매증권의 기말 공정가치는 45,000,000원이 되었다.

(차)   (대)

[2] 받을어음 잔액에 대하여 1%만큼 보충법으로 대손충당금을 설정한다.

(차)   (대)

[3] 당해연도 10월 1일에 건물을 임대하면서 1년분 임대료 12,000,000원을 선불로 받고, 선수수익으로 처리하였다. 결산분개를 하되 월할계산을 하시오.

(차)   (대)

[4] 선급비용은 10월1일에 1년분 자동차 보험료를 납부하고, 자산으로 처리한 것이다. 결산분개를 하되 월할 계산을 하시오.

(차)   (대)

[5] 장기차입금 중 10,000,000원를 만기가 1년 이내에 도래한다. 유동성 대체를 하시오.

(차)   (대)

[6] 기말 결산시 직원들의 퇴직금추계액은 30,000,000원이다.

(차)   (대)

[7] 당좌예금 잔액은 현재 음수이다. 단기차입금 계정을 사용하여 대체분개를 하시오.

(차)   (대)

해답

[1] (차) 단기매매증권   5,000,000   (대) 단기매매증권평가이익   5,000,000

[2] (차) 대손충당금   300,000   (대) 대손충당금환입   300,000

  * 대손충당금 목표금액은 800,000원인데, 현재 대손충당금 잔액은 500,000원이 있으므로 대손충당금을 300,000원 감소시켜야 한다.

[3] (차) 선수수익   3,000,000   (대) 임대료   3,000,000

  * 1개월분 임대료는 1,000,000원이고, 당기에 10월, 11월, 12월, 3개월이 경과하였으므로 3개월분의 수익을 인식하게 된다.

[4] (차) 보험료   300,000   (대) 선급비용   300,000

  * 1개월분 보험료는 100,000원이고, 당기에 10월, 11월, 12월, 3개월이 경과하였으므로 3개월분의 비용을 인식하게 된다.

[5] (차) 장기차입금   10,000,000   (대) 유동성장기부채   10,000,000

[6] (차) 퇴직급여   5,000,000   (대) 퇴직급여충당부채   5,000,000

[7] (차) 당좌예금   1,000,000   (대) 단기차입금   1,000,000

  * 당좌예금 잔액이 음수이므로 1,000,000원을 차변에 기록하여 음수로 기록한 잔액을 제거해준다.

시산표를 보고 결산작업하기 (3)

잔 액	합 계	계정과목	합 계	잔 액
		⋮		
20,000,000	20,000,000	외 상 매 출 금		
90,000,000	90,000,000	매 도 가 능 증 권		
		현 금 과 부 족	300,000	300,000
100,000,000	100,000,000	상 품		
120,000,000	120,000,000	제 품		
100,000,000	100,000,000	시 설 장 치		
		정 부 보 조 금	40,000,000	40,000,000
		외 상 매 입 금	10,200,000	10,200,000
		매도가능증권평가이익	10,000,000	10,000,000
		⋮		

[1] 외상매출금과 외상매입금은 전액 미국달러로 되어 있다. 외상매출금은 20,000달러, 외상매입금은 10,000달러이며, 기말 결산시 1달러는 1,100원이 되었다.

(차)   (대)

[2] 현금과부족 금액 중 100,000원은 상품을 판매하기로 하고, 대가를 미리 받은 것이며, 나머지는 결산일까지 원인을 알 수 없었다.

(차)   (대)

[3] 상품잔액을 조사하는 도중 장부상 금액 보다 실제금액이 10,000,000원 부족한 것을 확인하였다. 부족액 중 60%는 원가성이 없고, 나머지는 원가성이 있다.

(차)   (대)

[4] 제품의 실제잔액은 100,000,000원이다. 부족액은 제품의 시가하락으로 인한 것이다.

　(차)　　　　　　　　　　　　　　　　(대)

★[5] 당기 7월 1일에 시설장치를 취득하였으며, 40,000,000원의 정부보조를 받았다. 내용연수는 5년이고,
　　정액법 상각하며, 잔존가치는 0이라고 할 때 감가상각과 정부보조금 상각을 하시오.

　(차)　　　　　　　　　　　　　　　　(대)

★[6] 기말 결산시 매도가능증권의 공정가치가 75,000,000원으로 하락하였다.

　(차)　　　　　　　　　　　　　　　　(대)

⚙ 해답

[1] (차) 외상매출금   2,000,000   (대) 외화환산이익   2,000,000
      외화환산손실   800,000   외상매입금   800,000

* 외상매출금 : 20,000,000원 → 22,000,000원 (이익 2,000,000원)
   외상매입금 : 10,200,000원 → 11,000,000원 (손실 800,000원)
   외화환산이익과 외화환산손실은 상계하지 않는다.

[2] (차) 현금과부족   300,000   (대) 선수금   100,000
                                          잡이익   200,000

[3] (차) 재고자산감모손실   600,000   (대) 상품   10,000,000
      상품매출원가   400,000

[4] (차) 제품매출원가   20,000,000   (대) 재고자산평가충당금   20,000,000

* 가치하락으로 인한 손실을 "재고자산평가손실"로 기록하는 교재들도 있다. 재고자산평가손실도 매출원가의 범위에 해당된다. 재고자산평가충당금은 자산의 차감적 평가계정이며 회복되었을 때에는 "재고자산평가충당금환입"이라는 매출원가에서 차감하는 계정을 인식하게 된다.

[5] (차) 감가상각비   10,000,000   (대) 감가상각누계액   10,000,000
      정부보조금   4,000,000   감가상각비   4,000,000

* 당기 7월에 취득했으므로 6개월분만 감가상각 하여야 한다. 정부보조금 상각액만큼 감가상각비를 감소시킨다. 감가상각비 기록시 차변에 6,000,000원으로 기록할 수도 있다.

[6] (차) 매도가능증권평가이익   10,000,000   (대) 매도가능증권   15,000,000
      매도가능증권평가손실   5,000,000

회계처리 전 상황은 다음과 같다.

매도가능증권		매도가능증권평가이익	
90,000,000			10,000,000

매도가능증권평가손실을 인식하기 전에 우선 매도가능증권평가이익을 감소시키고, 초과 하락금액을 매도가능증권평가손실로 처리한다.

[1] 신도리코로부터 운용리스 계약을 맺고, 7월분 사용료 100,000원(부가세 별도)을 보통예금으로 이체하여 지급하고, 전자세금계산서를 수취하였다.

(차)   (대)

[2]~[4] 20×1.1.1 당사는 (주)어울림과 기계장치에 대한 금융리스 계약을 맺었다. 다음의 리스원리금 상환표를 참고한다. 이 거래는 금융리스 조건을 충족하며, "금융리스차입금"계정을 사용하시오.

회차	납기일	원금	이자	리스료	미상환원금
1	20×1. 1.1	4,000,000	-	4,000,000	36,000,000
2	20×1. 4.1	3,546,310	453,690	4,000,000	32,453,690
3	20×1. 7.1	3,591,000	409,000	4,000,000	28,862,690
4	20×1.10.1	3,644,160	355,840	4,000,000	25,218,530
5	20×2. 1.1	3,685,640	314,360	4,000,000	21,532,890

[2] 20×1.1.1 기계장치 금융리스 계약을 맺으면서 40,000,000원(부가세별도)의 세금계산서를 발급받았다. 단, 부가가치세는 현금으로 지급하였다.

(차)   (대)

[3] 20×1.1.1 거래대금 1회차분 원금 4,000,000원을 보통예금에서 이체하여 지급하였다.

(차)   (대)

[4] 20×1.4.1 거래대금 2회차분 원금과 이자 4,000,000원을 보통예금에서 이체하여 지급하였다.

(차)   (대)

해답

[1] (차) 부가세대급금　　　　　　　10,000　　　(대) 보통예금　　　　　　　　110,000
　　　임차료　　　　　　　　　　100,000

[2] (차) 부가세대급금　　　　　4,000,000　　(대) 감가상각누계액　　　4,000,000
　　　기계장치*　　　　　　　40,000,000　　　　금융리스차입금　　　40,000,000

　　　* 기계장치 대신에 리스자산 계정과목으로 사용할 수도 있다.

[3] (차) 금융리스차입금　　　　4,000,000　　(대) 보통예금　　　　　　4,000,000

[4] (차) 금융리스차입금　　　　3,546,310　　(대) 보통예금　　　　　　4,000,000
　　　이자비용　　　　　　　　453,690

　　　* 명목가액과 현재가치 차액은 이자비용이 된다.

Part 62

자산재평가

[1]~[2] 당사는 토지를 평가할 때 재평가모형을 적용하여 평가하고 있다.

[1] 20x1.12.31 토지는 당기에 100,000,000원에 취득한 것이다. 이 토지에 대해서 150,000,000원으로 재평가한다.

(차)   (대)

[2] 20x4.12.31 앞의 토지를 80,000,000원으로 재평가한다.

(차)   (대)

[3]~[4] 당사는 건물을 평가할 때 재평가모형을 적용하여 평가하고 있다. 단, [3]과 [4]는 서로 독립된 문제이다.

[3] 20x1.1.1 에 건물을 100,000,000원에 취득했으며, 당기에 10,000,000원 감가상각을 하였다. 당기말에 건물을 180,000,000원으로 재평가한다. 감가상각에 대한 회계처리는 생략하고, 잔액제거법에 따라 재평가에 대한 회계처리를 하시오.

(차)   (대)

[4] 20x1.1.1 에 건물을 100,000,000원에 취득했으며, 당기에 10,000,000원 감가상각을 하였다. 당기말에 건물을 180,000,000원으로 재평가한다. 감가상각에 대한 회계처리는 생략하고, 비례수정법에 따라 재평가에 대한 회계처리를 하시오.

(차)   (대)

해답

[1] (차) 토지　　　　　　　　50,000,000　　(대) 재평가이익(기타포괄)　　50,000,000

[2] (차) 재평가이익(기타포괄)　50,000,000　　(대) 토지　　　　　　　70,000,000
　　　재평가손실(영업외비용)　20,000,000

* 재평가이익 잔액은 기타포괄손익누계액으로 처리하나 재평가손실은 비용처리한다. 앞에서 20,000,000원을 비용처리했으므로 만일 다음에 재평가액이 회복되는 경우에는 20,000,000원을 한도로 이익을 인식할 수 있다.

[3] (차) 건물　　　　　　　　80,000,000　　(대) 재평가이익(기타포괄)　　90,000,000
　　　감가상각누계액　　　　10,000,000

* 재평가 전과 재평가 후의 건물 관련 금액은 다음과 같이 변화한다. 장부금액 증가분만큼 재평가이익을 인식한다.

	재평가 전	재평가 후
건물	100,000,000	180,000,000
감가상각누계액	-10,000,000	0
장부금액	90,000,000	180,000,000

[4] (차) 건물　　　　　　　100,000,000　　(대) 감가상각누계액　　　10,000,000
　　　　　　　　　　　　　　　　　　　　　　재평가이익　　　　　90,000,000

* 비례수정법을 적용할 때 재평가 후의 금액 180,000,000원이 재평가 전 90,000,000원 보다 2배 증가한 것이므로, 건물과 감가상각누계액을 2배로 조정하는 것이다. 재평가 전과 재평가 후의 건물 관련 금액은 다음과 같이 변화한다. 장부금액 증가분만큼 재평가이익을 인식한다.

	재평가 전	재평가 후
건물	100,000,000	200,000,000
감가상각누계액	-10,000,000	-20,000,000
장부금액	90,000,000	180,000,000

[1] 전기에 소모품 10,000원을 외상구입하였는데 누락한 것을 당기에 발견하였다. 중대하지 않은 오류이며, 전기에 구입했던 소모품은 모두 사용하였다.

(차)   (대)

[2] 20x0.1.1 기계장치를 10,000,000원에 취득했으며 내용연수 5년, 정액법, 잔존가액은 0원으로 감가상각하고 있다. 20x1년에 내용연수를 5년에서 3년으로 수정한다면, 20x1.12.31의 회계처리는?

(차)   (대)

[3] 전기에 상품매출 10,000,000원에 대한 외상매출 거래의 회계처리를 누락하였다가 당기에 발견하였다. 중대한 오류로 가정하시오.

(차)   (대)

[4] 20x0.1.1 기계장치를 10,000,000원에 취득했으며 내용연수 5년, 정률법, 잔존가액은 0원, 상각률은 0.451로 감가상각하고 있다. 20x1.12.31 결산일부터 감가상각방법을 정액법으로 변경한다면 20x1.12.31의 회계처리는?

(차)   (대)

⚙ 해답

[1] (차) 전기오류수정손실   10,000   (대) 미지급금   10,000

    * 중대하지 않은 오류는 전기오류수정손익(영업외손익)으로 처리한다.

[2] (차) 감가상각비   4,000,000   (대) 감가상각누계액   4,000,000

    * 장부금액은 8,000,000원이고, 남은 내용연수는 2년이다. 감가상각 방법의 변경은 회계추정의 변경으로서 전진적으로 처리한다.

[3] (차) 외상매출금   10,000,000   (대) 이월이익잉여금   10,000,000

    * 중대한 오류는 기초이익잉여금을 수정하고, 비교 재무제표는 재작성한다. 전산입력시에는 이익잉여금구분란에 전기오류수정이익이 등록되어 있으면 사용할 수 있다.

[4] (차) 감가상각비   1,372,500   (대) 감가상각누계액   1,372,500

    * 1차연도 감가상각비 : 4,510,000원
    * 1차연도말 장부금액 : 10,000,000 − 4,510,000 = 5,490,000원
    * 2차연도(20x1년) 감가상각비 = 5,490,000원 ÷ 4년 = 1,372,500원

부가가치세 관련 회계처리

[1] 원재료 1,020,000원을 외상으로 매입하였다.

(차)   (대)

[2] 앞의 [1]에 대하여 의제매입세액공제 20,000원을 신고하게 되었다.

(차)   (대)

[3] 외상매출금 1,100,000원을 거래처의 파산으로 회수하지 못하게 되었다. 대손세액공제를 적용하며, 대손 충당금 잔액은 600,000원이 있다.

(차)   (대)

[4] 1기 확정신고기간에 과세사업과 면세사업에 동시에 사용할 목적으로 기계장치를 구입하고 다음과 같이 회계처리 하였다.

(차) 부가세대급금   10,000,000   (대) 미지급금   110,000,000
      기계장치   100,000,000

1기 확정신고기간의 면세공급가액 비율은 40%, 과세공급가액 비율은 60%였다. 1기 확정신고기간에 필요한 부가가치세 정리를 하시오.

(차)   (대)

해답

[1] (차) 원재료   1,020,000   (대) 외상매입금   1,020,000

[2] (차) 부가세대급금   20,000   (대) 원재료   20,000

   * 의제매입세액공제를 받는만큼 부가세대급금을 인식하고, 처음 인식했던 자산 금액을 줄여주게 된다.

[3] (차) 부가세예수금   100,000   (대) 외상매출금   1,100,000
      대손충당금   600,000
      대손상각비   400,000

   * 중대한 오류는 기초이익잉여금을 수정하고, 비교 재무제표는 재작성한다. 전산입력시에는 이익잉여금구분란에
     전기오류수정이익이 등록되어 있으면 사용할 수 있다.

[4] (차) 기계장치   4,000,000   (대) 부가세대급금   4,000,000

   * 면세공급가액 비율 40%만큼은 매입세액공제를 취소하고 자산 취득원가에 가산한다.

2부
한국채택국제회계기준 분개연습

Part 01

재고자산 관련 회계처리

[1] 상품을 현금으로 매입하면서 다음과 같이 원가가 발생하였다. 상품매입금액은 전액 보통예금으로 지급하였다.

매입가격	5,000,000원	수입관세	200,000원
매입운임	100,000원	매입할인	50,000원

(차)   (대)

[2] 기말 결산시 제품의 장부상 금액은 5,000,000원이고, 순실현가능가치는 4,500,000원으로 파악되었다. 결산일에 필요한 회계처리를 하시오.

(차)   (대)

[3] 기말 결산시 재공품의 장부상 금액은 5,000,000원이고, 순실현가능가치는 5,500,000원으로 파악되었다. 결산일에 필요한 회계처리를 하시오.

(차)   (대)

[4] 기말 결산시 제품의 장부상 금액은 5,000,000원이고, 실제 금액은 4,000,000원으로 파악되었다. 차이 원인은 전액 수량감소로 확인되었다.

(차)   (대)

해답

[1] (차) 상품   5,250,000   (대) 보통예금   5,250,000

　　상품의 순매입금액 = 5.000.000 + 200.000 + 100.000 - 50.000 = 5,250,000원

[2] (차) 재고자산평가손실   500,000   (대) 재고자산평가충당금   500,000

　　재고자산의 가치하락으로 인한 손실은 재고자산평가손실로 회계처리하고, 재고자산의 차감적 계정으로 처리한다. 재고자산평가충당금 대신 제품평가충당금 계정을 사용할 수도 있다.

[3] 분개없음

　　재공품의 순실현가능가치가 더 큰 경우에는 별도로 회계처리가 불필요하다.

[4] (차) 재고자산감모손실   1,000,000   (대) 제품   1,000,000

Part 02

유형자산의 취득

[1] 기계장치를 50,000,000원에 취득하면서, 설치비 1,000,000원과 함께 보통예금으로 지급하였다.

(차)   (대)

[2] 앞에서 취득했던 기계장치를 당장 사용할 수 없어서 다른 창고를 임차하면서 보관하게 되었으며, 현금 1,000,000원을 지급하였다.

(차)   (대)

[3] 기계장치를 가동하기 위해, 기계장치를 사용할 직원의 교육비로 500,000원을 보통예금으로 지급하였다.

(차)   (대)

[4] 공장건물을 짓기 위해 50,000,000원을 보통예금에서 지출하였다. 해당 공장건물은 2년후에 완공될 예정이다.

(차)   (대)

[5] 업무용으로 사용할 차량운반구를 40,000,000원에 취득하면서, 액면금액 5,000,000원, 공정가치 4,700,000원인 국공채를 강제적으로 취득하였다. 해당 국공채는 즉시 처분하였으며 구입대금은 전액 보통예금으로 지급하였다.

(차)   (대)

[6] 공장건물을 신축하기 위해 당기 1월 1일에 100,000,000원을 연 8% 이자율로 차입하였으며 이자는 매년 말 보통예금에서 지급한다. 공사는 당기 7월 1일에 시작하였으며, 공사시작일에 50,000,000원을 지출했었다. 준공예정일은 차차기 12월 31일로 예상하고 있다. 차입원가는 자본화한다고 가정했을 때 차입원가의 자본화에 대한 회계처리를 하시오. (차입원가는 월할계산한다).

(차)   (대)

🔧 해답

[1] (차) 기계장치   51,000,000   (대) 보통예금   51,000,000

[2] (차) 임차료   1,000,000   (대) 현금   1,000,000

   * 새로운 시설 개설원가는 자산의 취득원가에 포함하지 않는다.

[3] (차) 교육훈련비   500,000   (대) 보통예금   500,000

   * 유형자산을 운용할 직원의 교육훈련과 관련된 금액은 자산의 취득원가에 포함하지 않는다.

[4] (차) 건설중인자산   50,000,000   (대) 보통예금   50,000,000

   * 자가사용할 유형자산의 건설에 대한 대가를 미리 지급하는 경우에는 선급금 대신 건설중인자산 계정을 사용한다.

[5] (차) 차량운반구   40,300,000   (대) 보통예금   40,300,000

   * 유형자산을 취득하면서 국공채 매입이 수반되는 경우에는 취득가액과 공정가치의 차액만큼을 유형자산의 취득원가에 포함시킨다.

[6] (차) 건설중인자산   2,000,000   (대) 보통예금   100,000

   * 연평균 지출액 : 50,000,000원 × 6/12 = 25,000,000원
   * 연평균 특정차입금 100,000,000원 〈 연평균지출액 25,000,000원
   * 자본화할 차입원가 : 25,000,000원 × 8% = 2,000,000원

정부보조금 – 자산차감법

[1] 20x1.7.1 기계장치를 현금 5,000,000원을 지급하고 취득하였으며, 기계장치의 내용연수는 5년이고, 정액법으로 감가상각하며, 잔존가치는 없다. 취득일에 정부보조금 2,000,000원을 수령하였다. 자산차감법을 사용하시오.

(차)   (대)

[2] 20x1.12.31 기계장치에 대한 감가상각비 회계처리를 한다.

(차)   (대)

[3] 20x2.12.31 기계장치에 대한 감가상각비 회계처리를 한다.

(차)   (대)

[4] 20x2.12.31 기계장치를 현금 2,500,000원을 받고 처분한다.

(차)   (대)

해답

[1] (차) 기계장치   5,000,000   (대) 현금   5,000,000
        현금   2,000,000   정부보조금(자산차감)   2,000,000

[2] (차) 감가상각비   500,000   (대) 감가상각누계액   500,000
        정부보조금(자산차감)   200,000   감가상각비   200,000

* 이 자산은 7월 1일에 취득했으므로 첫 해에는 6개월분만 감가상각한다. 정부보조금 상각액 만큼 감가상각비를 차감하게 된다.

[3] (차) 감가상각비   1,000,000   (대) 감가상각누계액   1,000,000
        정부보조금(자산차감)   400,000   감가상각비   400,000

* 여기까지 기계장치 잔액은 5,000,000원, 감가상각누계액 잔액은 1,500,000원, 정부보조금 잔액은 1,400,000원이 된다. (장부금액 2,100,000원)

[4] (차) 감가상각누계액   1,500,000   (대) 기계장치   5,000,000
        정부보조금(자산차감)   1,400,000   유형자산처분이익   400,000
        현금   2,500,000

* 기계장치를 처분하면서 감가상각누계액과 정부보조금을 같이 제거한다.

정부보조금 – 이연수익법

본 문제 풀이시 한국채택국제회계기준을 적용하며 다음의 계정과목을 사용하시오.
→ 현금, 기계장치, 감가상각비, 감가상각누계액, 이연정부보조금수익, 정부보조금수익, 유형자산처분이익, 유형자산처분손실

[1] 20x1.7.1 기계장치를 현금 5,000,000원을 지급하고 취득하였으며, 기계장치의 내용연수는 5년이고, 정액법으로 감가상각하며, 잔존가치는 없다. 취득일에 정부보조금 2,000,000원을 수령하였다. 이연수익법을 사용하시오.

(차)   (대)

[2] 20x1.12.31 기계장치에 대한 감가상각비 회계처리를 한다.

(차)   (대)

[3] 20x2.12.31 기계장치에 대한 감가상각비 회계처리를 한다.

(차)   (대)

[4] 20x2.12.31 기계장치를 현금 2,500,000원을 받고 처분한다. 자산처분시 정부보조금 상환의무는 없다고 가정한다.

(차)   (대)

해답

[1] (차) 기계장치   5,000,000   (대) 현금   5,000,000
       현금   2,000,000   이연정부보조금수익   2,000,000

[2] (차) 감가상각비   500,000   (대) 감가상각누계액   500,000
       이연정부보조금수익   200,000   정부보조금수익   200,000

    * 이연정부보조금수익은 부채이고, 정부보조금수익은 수익에 해당된다. 보유기간 중에 부채를 수익으로 대체하는 회계처리를 하게 된다.

[3] (차) 감가상각비   1,000,000   (대) 감가상각누계액   1,000,000
       이연정부보조금수익   400,000   정부보조금수익   400,000

    * 여기까지 기계장치 잔액은 5,000,000원, 감가상각누계액 잔액은 1,500,000원, 이연정부보조금수익 잔액은 1,400,000원이 된다. (기계장치 장부금액 3,500,000원)

[4] (차) 감가상각누계액   1,500,000   (대) 기계장치   5,000,000
       현금   2,500,000   정부보조금수익   1,400,000
       유형자산처분손실   1,000,000
       이연정부보조금수익   1,400,000

    * 기계장치를 처분하면서 이연정부보조금수익을 제거하고, 정부보조금수익을 인식한다. 만일 중도처분시 정부보조금 상환의무가 있다면 차입금으로 처리하여야 한다.

수익관련 정부보조금

본 문제 풀이시 한국채택국제회계기준을 사용하며 다음의 계정과목을 사용하시오.
→ 현금, 급여, 이연정부보조금수익, 정부보조금수익

[1] 직원을 채용하고 급여를 지급하는 조건으로 상환의무가 없는 정부보조금 4,000,000원을 현금으로 수령하였다.

　(차)　　　　　　　　　　　　　(대)

[2] 신규 입사한 직원의 급여를 현금으로 10,000,000원 지급하였으며, 앞에서 지원받은 정부보조금 4,000,000원이 포함되어 있다. 관련 비용에서 정부보조금을 차감하는 방법을 사용하시오.

　(차)　　　　　　　　　　　　　(대)

[3] 직원을 채용하고 급여를 지급하는 조건으로 상환의무가 없는 정부보조금 3,000,000원을 현금으로 수령하였다.

　(차)　　　　　　　　　　　　　(대)

[4] 신규 입사한 직원의 급여를 현금으로 10,000,000원 지급하였으며, 앞에서 지원받은 정부보조금 3,000,000원이 포함되어 있다. 수익으로 처리하는 방법을 사용하시오.

　(차)　　　　　　　　　　　　　(대)

해답

[1] (차) 현금   4,000,000   (대) 이연정부보조금수익   4,000,000

[2] (차) 급여   10,000,000   (대) 현금   10,000,000
　　　　이연정부보조금수익   4,000,000   급여   4,000,000

　　* 이연정부보조금수익은 부채이고, 정부보조금수익은 수익에 해당된다. 보유기간 중에 부채를 수익으로 대체하
　　는 회계처리를 하게 된다.

[3] (차) 현금   3,000,000   (대) 이연정부보조금수익   3,000,000

[4] (차) 급여   10,000,000   (대) 현금   10,000,000
　　　　이연정부보조금수익   3,000,000   정부보조금수익   3,000,000

무형자산의 후속측정

본 문제 풀이시 한국채택국제회계기준을 사용하며 다음의 계정과목을 사용하시오.
→ 소프트웨어, 영업권, 특허권, 무형자산상각비, 재평가잉여금, 재평가손실

[1] 당기 1월 1일에 10,000,000원에 취득한 소프트웨어를 상각한다 원가모형을 적용하며, 소프트웨어의 내용연수는 10년이고, 정액법으로 상각하기로 한다.

  (차)   (대)

[2] 당기 1월 1일에 10,000,000원에 취득한 소프트웨어 상각한다 원가모형을 적용하며, 소프트웨어의 내용연수는 비한정으로 추정되며, 손상의 징후는 없다.

  (차)   (대)

[3] 장부상 무형자산으로 기록한 영업권 50,000,000원의 손상차손 여부를 검토한 결과 영업권의 공정가치가 30,000,000원이고, 회복이 불가능한 것으로 확인되었다.

  (차)   (대)

[4] 다음연도 말 앞의 [3]에서 손상차손을 인식한 영업권의 공정가치가 40,000,000원으로 회복된 것을 확인하였다.

  (차)   (대)

[5] 당사는 무형자산을 재평가모형을 이용하여 측정하고 있다. 장부상 특허권의 장부금액은 10,000,000원인데, 기말 특허권의 공정가치는 12,000,000원으로 확인되었다.

  (차)   (대)

[6] 다음연도 말 앞의 [5]의 특허권의 공정가치가 9,000,000원으로 확인되었다.

  (차)   (대)

해답

[1] (차) 무형자산상각비   2,000,000   (대) 소프트웨어   2,000,000

[2] 분개없음

     * 내용연수가 비한정(무한)인 경우에는 상각을 하지 않으며, 추후에 손상차손을 검토한다.

[3] (차) 무형자산손상차손   20,000,000   (대) 영업권   20,000,000

[4] 분개없음

     * 한국채택국제회계기준에서 무형자산의 손상차손환입은 인식하지 않는다.

[5] (차) 특허권   2,000,000   (대) 재평가잉여금(기타포괄손익)   2,000,000

     * 유형자산, 무형자산의 재평가잉여금은 기타포괄손익으로 처리한다.

[6] (차) 재평가잉여금(기타포괄)   2,000,000   (대) 특허권   3,000,000
        재평가손실(비용)   1,000,000

     * 재평가잉여금이 있는 상태에서 재평가손실이 발생하면, 우선 재평가잉여금을 감소시킨 후에 재평가손실을 인식한다.

금융자산(채권)

본 문제 풀이시 한국채택국제회계기준을 사용하며 다음의 계정과목을 사용하시오.
→ 현금, 상각후원가측정금융자산, 기타포괄손익인식금융자산, 평가손실, 평가이익, 이자수익

[1] 만기까지 보유할 목적으로 현금을 지급하고, 아래의 채권을 취득하였으며, 관련 자료는 다음과 같다. 상각후원가측정금융자산으로 회계처리한다.

액면금액	10,000,000원	액면이자율	8%
유효이자율	10%	만기	3년
이자는 매년말 후급			
10%, 3년현가	0.7513	10%, 3년 연금현가	2.4868

(차)   (대)

[2] 당기초에 상각후원가측정금융자산의 장부금액은 9,502,440원이고, 액면이자율은 8%, 유효이자율은 10%, 액면금액은 10,000,000원이다. 당기말 1년분 이자를 현금으로 지급받았을 때 회계처리를 하시오.

(차)   (대)

[3] 만기까지 보유할 목적으로 현금을 지급하고, 아래의 채권을 취득하였으며, 관련 자료는 다음과 같다. 기타포괄손익금융자산으로 회계처리한다.

액면금액	10,000,000원	액면이자율	8%
유효이자율	10%	만기	3년
이자는 매년말 후급			
10%, 3년현가	0.7513	10%, 3년 연금현가	2.4868

(차)   (대)

[4] 당기초에 기타포괄손익금융자산의 장부금액은 9,502,440원이고, 액면이자율은 8%, 유효이자율은 10%, 액면금액은 10,000,000원이고, 기타포괄손익금융자산의 공정가치는 9,600,000원이다. 당기말 1년분 이자를 현금으로 지급받았을 때 회계처리와 공정가치 평가에 대한 회계처리를를 하시오.

(차)   (대)

해답

[1] (차) 상각후원가측정금융자산　9,502,440　(대) 현금　9,502,440

* 현재가치 = (800,000 × 2.4868) + (10,000,000 × 0.7513) = 9,502,440

[2] (차) 현금　800,000　(대) 이자수익　950,244
　　 상각후원가측정금융자산　150,244

* 이자수익 = 9,502,440원 × 10% = 950,244원
* 현금으로 지급하는 이자 = 10,000,000원 × 8% = 800,000원

[3] (차) 기타포괄손익금융자산　9,502,440　(대) 현금　300,000

* 최초 취득원가는 [1]과 동일

[4] (차) 현금　800,000　(대) 이자수익　950,244
　　 기타포괄손익금융자산　150,244

* 여기까지 기타포괄손익금융자산의 장부금액은 9,502,440 + 150,244 = 9,652,684원이다. 기타포괄손익금융자산의 공정가치가 9,600,000원이 되었으므로 이에 대한 회계처리를 한다.

　(차) 평가손실　52,684　(대) 기타포괄손익금융자산　52,684

Part 08

기타포괄손익금융자산(주식)

본 문제에 한하여 다음의 계정과목들을 사용하기로 한다.
→ 기타포괄손익금융자산, 평가손실, 평가이익

[1] 다른기업이 발행한 주식을 5,000,000원에 취득하면서, 취득수수료 100,000원과 함께 보통예금에서 이체하여 지급하였다. 기타포괄손익금융자산 계정을 사용하시오.

(차)   (대)

[2] 앞에서 취득한 기타포괄손익금융자산의 기말 공정가치가 4,500,000원이 되었다.

(차)   (대)

[3] 위 [2]의 기타포괄손익금융자산의 다음연도 기말 공정가치가 6,000,000원이 되었다.

(차)   (대)

[4] 다음연도 중에 기타포괄손익금융자산 전부를 현금 6,500,000원을 받고 처분하였다.

(차)   (대)

⚙ 해답

[1] (차) 기타포괄손익금융자산 5,100,000 (대) 보통예금   5,100,000

  * 기타포괄손익금융자산의 취득수수료는 취득원가에 포함시킨다.

[2] (차) 평가손실   600,000 (대) 기타포괄손익금융자산 600,000

[3] (차) 기타포괄손익금융자산 1,500,000 (대) 평가손실   600,000
                       평가이익   900,000

[4] (차) 현금   6,500,000 (대) 기타포괄손익금융자산 6,000,000
                        평가이익   500,000

  * 일반기업회계기준에서는 처분시점에 기타포괄손익누계액을 제거하지만, 한국채택국제회계기준에서는 다르게 처리한다. 처분시점의 처분금액과 장부금액을 비교하여 추가로 기타포괄손익금융자산평가손익을 인식한다.

Part 09

연속상환사채

[1] 자금조달을 위해 사채를 발행하였으며, 관련 자료는 다음과 같다. 발행대금은 받아서 보통예금 계좌에 입금하였다.

액면금액	3,000,000원	액면이자율	8%
유효이자율	10%	만기	3년
이자는 매년말 후급.			
본 문제는 사채 발행금액 계산시 현가표를 이용하지 않고 계산하기로 한다.			

(차)   (대)

[2] 앞의 [1]의 사채를 발행하고 1년이 경과하였다. 1년분 이자를 현금으로 지급하고, 액면금액 1,000,000원을 상환하였다.

(차)   (대)

[3] 앞의 [1]의 사채를 발행하고 2년이 경과하였다. 2년분 이자를 현금으로 지급하고, 액면금액 1,000,000원을 상환하였다.

(차)   (대)

[4] 앞의 [1]의 사채를 발행하고 3년이 경과하였다. 3년분 이자를 현금으로 지급하고, 액면금액 1,000,000원을 상환하였다.

(차)   (대)

⚙ 해답

[1] (차) 현금   2,897,370   (대) 사채   3,000,000

      사채할인발행차금   102,630

     * 1년후 현금흐름 : 이자 240,000원 + 원금 1,000,000원 = 1,240,000원

       2년후 현금흐름 : 이자 160,000원 + 원금 1,000,000원 = 1,160,000원

       3년후 현금흐름 : 이자 80,000원 + 원금 1,000,000원 = 1,080,000원

$$* \ 사채\ 발행금액 = \frac{1,240,000}{(1+0.1)} + \frac{1,160,000}{(1+0.1)^2} + \frac{1,080,000}{(1+0.1)^3} = 2,897,370$$

[2] (차) 이자비용   289,737   (대) 현금   240,000

                                             사채할인발행차금   49,737

   (차) 사채   1,000,000   (대) 현금   1,000,000

     * 이자비용 = 2,897,370 × 10% = 289,737

     * 여기까지 사채 액면금액 : 3,000,000 − 1,000,000 = 2,000,000

     * 여기까지 사채할인발행차금 잔액 : 102,630 − 49,737 = 52,893

     * 여기까지 사채의 장부금액 : 2,000,000 −52,893 = 1,947,107

사채할인발행차금		사채	
52,893			2,000,000

[3] (차) 이자비용   194,710   (대) 현금   160,000

                                               사채할인발행차금   34,710

   (차) 사채   1,000,000   (대) 현금   1,000,000

     * 이자비용 = 1,947,107 × 10% = 194,710

     * 여기까지 사채할인발행차금 잔액 : 52,893 − 34,710 = 18,183

     * 여기까지 사채 장부금액 : 1,000,000 − 18,183 = 981,817

사채할인발행차금		사채	
18,723			1,000,000

[4] (차) 이자비용   98,182   (대) 현금   80,000

                                               사채할인발행차금   18,182

   (차) 사채   1,000,000   (대) 현금   1,000,000

Part 10

투자부동산

다음의 계정과목을 사용하며, 한국채택국제회계기준에 따라 회계처리한다.

→ 현금, 투자부동산, 감가상각비, 감가상각누계액, 투자부동산평가이익, 투자부동산평가손실

[1] 20x1.1.1 임대수익 및 시세차익 목적으로 건물을 현금 100,000,000원에 취득하였다.

(차)   (대)

[2] 20x1.12.31 원가모형을 적용한다고 가정한다. 건물의 내용연수는 20년, 정액법 상각하며 잔존가치는 없는 것으로 가정한다.

(차)   (대)

[3] 20x1.1.1 임대수익 및 시세차익 목적으로 건물을 현금 200,000,000원에 취득하였다.

(차)   (대)

[4] 20x1.12.31 해당 투자부동산은 공정가치 모형을 적용하기로 한다. 기말 공정가치는 250,000,000원이 되었다.

(차)   (대)

[5] 20x2.12.31 투자부동산의 공정가치는 190,000,000원이 되었다.

(차)   (대)

⚙ 해답

[1] (차) 투자부동산　　　　100,000,000　　　(대) 현금　　　　　　100,000,000

　　* 임대수익 및 시세차익 목적인 부동산은 투자부동산으로 회계처리한다.

[2] (차) 감가상각비　　　　　5,000,000　　　(대) 감가상각누계액　　5,000,000

　　* 한국채택국제회계기준에서는 투자부동산도 감가상각을 한다.

[3] (차) 투자부동산　　　　200,000,000　　　(대) 현금　　　　　　200,000,000

[4] (차) 투자부동산　　　　 50,000,000　　　(대) 투자부동산평가이익　50,000,000

　　* 유형자산 재평가와 달리 투자자산을 공정가치 모형으로 평가하는 경우 평가이익은 당기손익에 반영한다..

[5] (차) 투자부동산평가손실　60,000,000　　　(대) 투자부동산　　　　60,000,000

　　* 유형자산 재평가와 달리 투자자산을 공정가치 평가는 매기 실행한다. 투자부동산평가이익이 기타포괄손익이 아니라 당기손익이므로, 가치가 하락할 때는 투자부동산평가이익을 감소시키는 것이 아니라 투자부동산평가손실로 처리한다..

Part 11

상환우선주

[1] 20x1.1.1 액면금액이 8,000,000원인 상환우선주(매년말 액면금액의 5%의 배당금을 지급)를 발행하고, 대가는 현금으로 받았다. 상환우선주는 3년 후에 의무적으로 상환하여야 한다. 상환시에는 10,000,000원 조건으로 상환한다. 상환우선주의 유효이자율은 10%이다. 현가계수를 사용하지 않고 계산하기로 한다.

(차)   (대)

[2] 20x1.12.31 상환우선주에 대한 배당금을 현금으로 지급하였다.

(차)   (대)

[3] 20x2.12.31 상환우선주에 대한 배당금을 현금으로 지급하였다.

(차)   (대)

[4] 20x3.12.31 상환우선주에 대한 배당금을 현금으로 지급하였다.

(차)   (대)

[5] 20x3.12.31 상환우선주를 상환하고 현금을 지급하였다.

(차)   (대)

해답

[1] (차) 현금   8,507,889   (대) 상환우선주(부채)   10,000,000
      현재가치할인차금   1,495,200

   * 현금흐름은 다음과 같다. 상환우선주는 부채로 본다.

$$발행금액 = \frac{400,000}{(1+0.1)} + \frac{400,000}{(1+0.1)^2} + \frac{10,400,000}{(1+0.1)^3} = 8,507,889$$

1년후	2년후	3년후
배당금 400,000	배당금 400,000	배당금 400,000 원금 10,000,000

[2] (차) 이자비용   850,789   (대) 현금   400,000
                                          현재가치할인차금   450,789

   * 상환우선주는 부채로 분류하므로 상환우선주에 대한 배당금을 지급하는 경우에는 이자비용으로 처리한다. 여기가지 상환우선주 장부금액 = 8,507,889 + 450,789 = 8,958,678

[3] (차) 이자비용   895,868   (대) 현금   400,000
                                          현재가치할인차금   495,868

   * 여기가지 상환우선주 장부금액 = 8,958,678 + 495,868 = 9,454,546

[4] (차) 이자비용   945,454   (대) 현금   400,000
                                          현재가치할인차금   545,454

[5] (차) 상환우선주   10,000,000   (대) 현금   10,000,000

Part 12

전환사채

[1] 20x1.1.1 액면금액 10,000,000원, 액면이자율 6%이고, 전환권 행사시 액면금액 5,000,000원 보통주
로 전환할 수 있는 전환사채를 액면발행하고, 대가는 현금으로 받았다. 만기는 3년이며, 이자는 매년말
후급하며, 만기까지 전환하지 않을 경우에는 상환기일에 액면금액의 110%를 일시상환한다. 전환권이 없
는 일반사채의 시장이자율은 12%이다. 단, 전환조건은 액면금액 5,000,000원인 주식으로 전환한다.

(차)   (대)

[2] 20x1.12.31 1년분 이자를 현금으로 지급한다.

(차)   (대)

[3] 20x2.12.31 1년분 이자를 현금으로 지급한다.

(차)   (대)

[4] 20x312.31 1년분 이자를 현금으로 지급한다.

(차)   (대)

[5] 20x3.12.31 전환사채의 소유자가 전환권을 행사하지 않아서 원금과 상환할증금을 현금으로 지급하였다.

(차)   (대)

[6] 만일 20x2.12.31 시점에 전액 전환권을 행사하였을 경우 회계처리를 하시오. 단 이 시점의 잔액은 다음
과 같다.

전환사채	상환할증금	전환권대가	전환권조정
10,000,000원	1,000,000	723,319	642,857

(차)   (대)

해답

[1] (차) 현금   10,000,000   (대) 전환사채   10,000,000

전환권조정(부채차감)   1,729,319   상환할증금   1,000,000

전환권대가(자본)   729,319

① 상환할증금 : 액면금액의 10% (만기시 액면금액보다 초과해서 지급할 금액)

= 10,000,000 × 10% = 1,000,000원

② 현금흐름 : 1년후 600,000원, 2년후 600,000원, 3년후 11,600,000원

* 3년 후에는 이자 600,000원, 원금과 상환할증금 12,000,000원의 합계

③ 일반사채의 경우 발행금액

$$= \frac{600,000}{(1+0.12)} + \frac{600,000}{(1+0.12)^2} + \frac{11,600,000}{(1+0.12)^3} = 9,270,681$$

④ 전환권대가 = 전환사채 발행금액 – 일반사채 발행금액

= 10,000,000 – 9,270,681 = 729,319

⑤ 전환권조정 : 마지막에 인식 (최초 발행시점에는 상환할증금과 전환권대가 금액의 합계와 일치한다. 단, 보유기간 중 상각할때는 전환권조정만 상각되므로 "전환권조정 = 상환할증금 + 전환권대가"가 성립하지 않게 된다.)

⑥ 전환사채 장부금액 = 10,000,000 + 1,000,000 – 1,729,319 = 9,270,681

[2] (차) 이자비용   1,112,482   (대) 현금   600,000

전환권조정   512,482

① 이자비용은 전환사채 장부금액 × 일반사채 유효이자율 12%

② 전환사채 장부금액 = 9,270,681 + 512,482 = 9,783,163

[3] (차) 이자비용   1,173,980   (대) 현금   600,000

전환권조정   573,980

① 이자비용 = 전환사채 장부금액 × 일반사채 유효이자율

② 전환사채 장부금액 = 9,783,163 + 573,980 = 10,357,143

③ 참고로 20x1년말 전환권조정 상각금액에서 (1+유효이자율)을 곱하면 20x2년말 전환권조정 상각금액이 계산된다.

[4] (차) 이자비용   1,242,857   (대) 현금   600,000

전환권조정   642,857

[5] (차) 전환사채   10,000,000   (대) 현금   11,000,000

상환할증금   1,000,000

[6] (차) 전환사채   10,000,000   (대) 전환권조정   642,857

상환할증금   1,000,000   자본금   5,000,000

전환권대가   723,319   주식발행초과금   6,080,462

* 주식의 발행금액(자본금 + 주식발행초과금)은 다음과 같이 계산된다.

주식의 발행금액 = 전환사채 액면금액 + 상환할증금 + 전환권대가 - 전환권조정

주식과 사채, 전환사채와 신주인수권부사채

1. 주식과 사채의 차이

	주 식	사 채
계정분류	자본	부채
지급	주주에게 배당금 지급	채권자에게 이자지급
당기순손실 발생시	배당금을 지급하지 않을수도 있음	이자를 지급해야 함
주주 의결권	주식을 보유한 주주들은 의결권 행사 가능	채권자에게는 의결권이 부여되지 않음

2. 전환사채와 신주인수권부사채

	전환사채	신주인수권부사채
정의	주식으로 전환이 가능한 사채	신주를 인수할 수 있는 권리가 부여된 사채
권리 행사시	(차) 전환사채 (대) 자본	(차) 현금 등 (대) 자본금

3. 일반기업회계기준과 한국채택국제회계기준

전환사채와 신주인수권부사채에 대해 일반기업회계기준에서는 희석증권이라고 부르지만, 한국채택국제회계기준에서는 복합금융상품이라고 한다.

Part 13

신주인수권부사채

[1] 20x1.1.1 액면금액 10,000,000원, 액면이자율 6%이고, 전환권 행사시 액면금액 5,000,000원 보통주로 전환할 수 있는 신주인수권부사채를 액면발행하고, 대가는 현금으로 받았다. 만기는 3년이며, 이자는 매년말 후급하며, 만기까지 전환하지 않을 경우에는 상환기일에 액면금액의 110%를 일시상환한다. 신주인수권이 없는 일반사채의 시장이자율은 12%이다. 편의상 신주인수권대가는 729,319원, 신주인수권조정은 1,729,319원이라고 가정한다.

(차)   (대)

[2] 20x1.12.31 1년분 이자를 현금으로 지급한다.

(차)   (대)

[3] 20x2.12.31 1년분 이자를 현금으로 지급한다.

(차)   (대)

[4] 20x3.12.31 1년분 이자를 현금으로 지급한다.

(차)   (대)

[5] 20x3.12.31 사채권자가 권리를 행사하지 않았으며 신주인수권부사채의 액면금액과 상환할증금을 현금으로 상환한다.

(차)   (대)

[6] 20x2.12.31 만일 이 날짜에 신주인수권을 행사하여, 현금 10,000,000원을 받고, 액면금액 5,000,000원인 주식을 발행하여 지급하였을 때 회계처리를 하시오. 단, 이때까지 신주인수권부사채 잔액은 10,000,000원, 상환할증금 잔액은 1,000,000원, 신주인수권대가의 잔액은 729,319원, 신주인수권조정의 잔액은 642,857원이라고 ,가정하며, 이 권리의 행사로 인해 더 이상의 신주인수권은 없다고 가정한다.

(차)   (대)

해답

[1] (차) 현금　　　　　　　10,000,000　　(대) 신주인수권부사채　10,000,000
　　　　신주인수권조정　　1,729,319　　　　상환할증금　　　1,000,000
　　　　　　　　　　　　　　　　　　　　　신주인수권대가　　729,319

　　* 신주인수권부사채 장부금액 = 10,000,000 + 1,000,000 - 1,729,319 = 9,270,681원

[2] (차) 이자비용　　　　　1,112,482　　(대) 현금　　　　　　　600,000
　　　　　　　　　　　　　　　　　　　　　신주인수권조정　　512,482

　　* 신주인수권부사채 장부금액 = 9,270,681 + 512,482 = 9,783,163

[3] (차) 이자비용　　　　　1,173,980　　(대) 현금　　　　　　　600,000
　　　　　　　　　　　　　　　　　　　　　신주인수권조정　　573,980

　　* 신주인수권부사채 장부금액 = .9,783,163 + 573,980 = 10,357,143

[4] (차) 이자비용　　　　　1,242,857　　(대) 현금　　　　　　　600,000
　　　　　　　　　　　　　　　　　　　　　신주인수권조정　　642,857

[5] (차) 신주인수권부사채　10,000,000　(대) 현금　　　　　　11,000,000
　　　　상환할증금　　　1,000,000

[6] (차) 현금　　　　　　　10,000,000　　(대) 신주인수권조정　　642,857
　　　　상환할증금　　　1,000,000　　　　자본금　　　　　5,000,000
　　　　신주인수권대가　　729,319　　　　주식발행초과금　6,086,462

　　* 전환사채와 달리 신주인수권부사채는 권리를 행사해도 감소하지 않는다. 반면 권리를 행사했으므로 상환할증금 지급의무가 없어지고, 신주인수권대가와 신주인수권조정도 소멸한다.

Part 14

위탁판매, 반품권이 있는 판매

다음의 계정과목을 사용하며, 한국채택국제회계기준에 따라 회계처리한다.
→ 현금, 적송품, 상품, 제품, 외상매출금, 매출, 매출원가, 반환제품회수권, 환불부채

[1] 수탁자에서 상품 30,000,000원을 지급하고, 운임 등 제비용으로 1,000,000원을 현금으로 지급하였다.
   (차)   (대)

[2] 수탁자는 적송품을 판매하고, 판매금액 40,000,000원(수수료비용 2,000,000원)을 입금하겠다고 통보받았다. 매출원가와 관련된 회계처리도 하시오.
   (차)   (대)

[3] 앞의 [2]에서 대금이 보통예금 계좌에 입금되었다.
   (차)   (대)

[4] 거래처에 원가 15,000,000원인 제품을 20,000,000원에 판매하였다. 판매일로부터 6개월 이내에 반품이 가능하며, 반품액을 예상할 수 없다.
   (차)   (대)

[5] 앞의 [4]에서 판매일로부터 6개월이 경과하여 매출을 인식한다.
   (차)   (대)

[6] 거래처에 원가 15,000,000원인 제품을 20,000,000원에 판매하였다. 판매일로부터 6개월 이내에 반품이 가능하며, 20%의 반품이 예상된다.
   (차)   (대)

해답

[1] (차) 적송품   31,000,000   (대) 상품   30,000,000
                                        현금   1,000,000

[2] (차) 외상매출금   38,000,000   (대) 매출   40,000,000
       수수료비용   2,000,000   적송품   31,000,000
       매출원가   31,000,000

[3] (차) 보통예금   30,000,000   (대) 외상매출금   30,000,000

[4] (차) 반환제품회수권   15,000,000   (대) 제품   15,000,000

* 반품을 예상할 수 없는 경우에는 반품권과 관련된 불확실성이 해소되는 시점까지 수익을 인식하지 않는다.

[5] (차) 외상매출금   20,000,000   (대) 매출   20,000,000
       매출원가   15,000,000   반환제품회수권   15,000,000

[6] (차) 외상매출금   20,000,000   (대) 매출   16,000,000
                                        환불부채   4,000,000
       매출원가   12,000,000   재고자산   15,000,000
       반환제품회수권   3,000,000

장기할부판매

다음의 계정과목을 사용하며, 한국채택국제회계기준에 따라 회계처리한다.
→ 현금, 장기성매출채권, 현재가치할인차금, 매출, 매출원가, 상품, 이자수익

[1] 20x1.1.1 상품을 할부판매하였다. 판매금액은 9,000,000원이고, 매년 말 3,000,000원씩 받기로 하였다. 판매하는 상품의 원가는 5,000,000원이다. 판매자의 시장이자율은 10%이며, 할부금의 현재가치는 7,460,556원이다.

(차)   (대)

[2] 20x1.12.31 약정에 의해 채권을 회수하였다.

(차)   (대)

[3] 20x2.12.31 약정에 의해 채권을 회수하였다.

(차)   (대)

[4] 20x3.12.31 약정에 의해 채권을 회수하였다.

(차)   (대)

해답

[1] (차) 장기성매출채권   9,000,000   (대) 매출   7.460.556

                                    현재가치할인차금   1,539,444

      매출원가   5,000,000   상품   5,000,000

$$* \text{ 발행금액} : \frac{3,000,000}{(1+0.1)} + \frac{3,000,000}{(1+0.1)^2} + \frac{3,000,000}{(1+0.1)^3} = 7,460,556$$

[2] (차) 현금   3,000,000   (대) 장기성매출채권   3,000,000

      현재가치할인차금   746,056   이자수익   746,056

  * 현재가치할인차금 잔액 = 1,539,444 - 746,0566 = 793,388

  * 장기성매출채권 장부금액 = 9,000,000 - 3,000,000 - 793,388 = 5,206,612

[3] (차) 현금   3,000,000   (대) 장기성매출채권   3,000,000

      현재가치할인차금   520,661   이자수익   520,661

  * 현재가치할인차금 잔액 = 793,388 - 520,661 = 272,727

  * 장기성매출채권 장부금액 = 9,000,000 - 6,000,00 - 272,727 = 2,727,273

[4] (차) 현금   3,000,000   (대) 장기성매출채권   3,000,000

      현재가치할인차금   272,727   이자수익   272,727

Part 16

퇴직급여

다음의 계정과목을 사용하며, 한국채택국제회계기준에 따라 회계처리한다.
→ 보통예금, 퇴직급여, 사외적립자산, 이자수익, 확정급여채무, 재측정요소

[1] 확정기여형 퇴직연금 5,000,000원을 보통예금에서 이체하여 납부하였다.

 (차)   (대)

[2] 확정급여형 퇴직연금 5,000,000원을 보통예금에서 이체하여 납부하였다. 문제에서 주어진 계정과목을 사용하여 회계처리 하시오.

 (차)   (대)

[3] 앞의 [2]에서 퇴직연금 운용을 통해 200,000원의 수익이 발생하였다.

 (차)   (대)

[4] 종업원의 급여인상으로 인하여 납입해야 할 퇴직연금이 300,000원 증가하였다.

 (차)   (대)

[5] 할인율의 변경에 따라 확정급여채무의 현재가치가 500,000원 증가하였다.

 (차)   (대)

해답

[1] (차) 퇴직급여   5,000,000   (대) 보통예금   5,000,000

[2] (차) 사외적립자산   5,000,000   (대) 보통예금   5,000,000

[3] (차) 사외적립자산   200,000   (대) 이자수익   200,000

[4] (차) 퇴직급여   300,000   (대) 확정급여채무   300,000

[5] (차) 재측정요소(기타포괄)   500,000   (대) 확정급여채무   500,000

Part 17

주식기준보상 – 주식결제형

다음의 계정과목을 사용하며, 한국채택국제회계기준에 따라 회계처리한다.

→ 현금, 주식보상비용, 주식선택권, 자본금, 주식발행초과금, 자기주식, 자기주식처분이익

[1] 20x1.12.31 당사에서는 임원 A에게 주식결제형 주식선택권 10,000개를 부여하였다. 세부조건은 다음과
같다. 20x1.12.31에 필요한 회계처리를 하시오.

> 1. 조건 : 20x3.12.31까지 의무적으로 근무하는 조건
> 2. 행사가격 : 액면금액 5,000원인 주식을 8,000원에 취득할 수 있는 조건
> 3. 매 기말 추정한 주가차액보상권의 공정가치는 다음과 같다.
> ① 20x1.12.31 : 1,200원   ② 20x2.12.31 : 1,500원
> ③ 20x3.12.31 : 1,800원   ④ 20x4. 1. 1 이후 : 1,800원

(차)   (대)

[2] 20x2.12.31 임원 A는 계속 근무하고 있다. 필요한 회계처리를 하시오.

(차)   (대)

[3] 20x3.12.31 임원 A는 약정된 근무 요건을 충족하였다. 필요한 회계처리를 하시오.

(차)   (대)

[4] 20x4.1.1 임원 A가 주식선택권 5,000개에 대한 권리를 행사하여 주식 5,000주를 발행하고, 현금
40,000,000원을 받았다.

(차)   (대)

[5] 20x4.2.1 임원 A가 나머지 주식선택권 5,000개에 대한 권리를 행사하여 과거에 35,000,000원에 취득
했던 자기주식을 교부하였다.

(차)   (대)

해답

[1] (차) 주식보상비용   4,000,000   (대) 주식선택권   4,000,000

     * 10,000개 × 주가차액보상권 공정가치 1,200원 × 1년/3년 = 4,000,000원

[2] (차) 주식보상비용   4,000,000   (대) 주식선택권   4,000,000

     * 주식결제형은 주가차액보상권 가치변동을 인식하지 않는다.

[3] (차) 주식보상비용   4,000,000   (대) 주식선택권   4,000,000

[4] (차) 현금   40,000,000   (대) 자본금   25,000,000
     주식선택권   6,000,000   주식발행초과금   21,000,000

     * 전체 주식선택권의 50% 권리를 행사했으므로 주식선택권 잔액 12,000,000원의 50%가 감소한다.

[5] (차) 현금   40,000,000   (대) 자기주식   35,000,000
     주식선택권   6,000,000   자기주식처분이익   11,000,000

주식기준보상 – 현금결제형

다음의 계정과목을 사용하며, 한국채택국제회계기준에 따라 회계처리한다.
→ 현금, 주식보상비용, 장기미지급비용

[1] 20x1.12.31 당사에서는 임원 A에게 현금결제형(차액보상형) 주식선택권 10,000개를 부여하였다. 세부 조건은 다음과 같다. 20x1.12.31에 필요한 회계처리를 하시오.

> 1. 조건 : 20x3.12.31까지 의무적으로 근무하는 조건
> 2. 행사가격 : 액면금액 5,000원인 주식을 8,000원에 취득할 수 있는 조건
> 3. 매기말 추정한 주가차액보상권의 공정가치는 다음과 같다.
> ① 20x1.12.31 : 1,200원   ② 20x2.12.31 : 1,500원
> ③ 20x3.12.31 : 1,800원   ④ 20x4. 1. 1 이후 : 1,800원

(차)   (대)

[2] 20x2.12.31 임원 A는 계속 근무하고 있다. 필요한 회계처리를 하시오.

(차)   (대)

[3] 20x3.12.31 임원 A는 계속 근무하고 있다. 필요한 회계처리를 하시오.

(차)   (대)

[4] 20x4.1.1 임원 A가 약정된 근무조건을 충족하여 주가차액보상권에 대하여 현금으로 지급하였다.

(차)   (대)

해답

[1] (차) 주식보상비용   4,000,000   (대) 장기미지급비용   4,000,000

[2] (차) 주식보상비용   6,000,000   (대) 장기미지급비용   6,000,000

     * 당기에 인식할 주식보상비용
       = 주식선택권 개수 × 당기말 공정가치 × 근무기간 – 전기까지 인식한 주식보상비용
       = 10,000개 × 1,500원 × 2/3 – 4,000,000 = 6,000,000원
       현금결제형은 매기말 주가차액보상권의 공정가치 변동분을 인식한다.

[3] (차) 주식보상비용   8000,000   (대) 장기미지급비용   8,000,000

     * 주식보상비용 = 10,000개 × 1,800원 – 10,000,000 = 8,000,000원

[4] (차) 장기미지급비용   18,000,000   (대) 현금   18,000,000

[1] 회계상 법인세차감전순이익은 150,000,000원, 세법상 과세소득은 200,000,000원이며 차이는 전부 일시적 차이이다. 법인세율은 10%로 가정한다.

(차)   (대)

[2] 회계상 법인세차감전순이익은 150,000,000원, 세법상 과세소득은 200,000,000원이며 차이는 30,000,000원은 일시적 차이이고, 나머지는 일시적차이에 해당하지 않는다. 법인세율은 10%로 가정한다.

(차)   (대)

[3] 회계상 법인세차감전순이익은 200,000,000원, 세법상 과세소득은 150,000,000원이며 차이는 전부 일시적 차이이다. 법인세율은 10%로 가정하며 장부상에는 이연법인세자산 3,000,000원이 있다.

(차)   (대)

[4] 회계상 법인세차감전순이익은 200,000,000원, 세법상 과세소득은 150,000,000원이며 차이는 전부 일시적 차이이다. 현재 법인세율은 10%이며, 차기부터 9%로 개정될 것으로 가정한다.

(차)   (대)

🔧 해답

[1] (차) 법인세비용   15,000,000   (대) 미지급법인세   20,000,000
　　　이연법인세자산   5,000,000

　　* 세법상 과세소득이 회계상 이익보다 크면서 일시적차이인 경우에는 이연법인세자산이 발생한다.

[2] (차) 법인세비용   17,000,000   (대) 미지급법인세   20,000,000
　　　이연법인세자산   3,000,000

　　* 이연법인세자산은 일시적차이에서 세율을 곱하여 계산한다. 미지급법인세와 이연법인세자산을 계산한 후에 법
　　　인세비용을 차대변을 일치시켜주는 금액만큼 인식한다.

[3] (차) 법인세비용   20,000,000   (대) 미지급법인세   15,000,000
　　　　　　　　　　　　　　　　　　　　　　　　　　이연법인세자산   3,000,000
　　　　　　　　　　　　　　　　　　　　　　　　　　이연법인세부채   2,000,000

　　* 이연법인세자산과 이연법인세부채는 상계하여 표시한다.

[4] (차) 법인세비용   19,500,000   (대) 미지급법인세   15,000,000
　　　　　　　　　　　　　　　　　　　　　　　　　　이연법인세부채   4,500,000

　　* 법인세율의 개정이 예상되는 경우에는 일시적 차이가 소멸할 것으로 예상되는 시점의 법인세율을 적용하여
　　　이연법인세를 계산한다. 법인세비용은 이연법인세자산(부채)를 계산한 후에 인식한다.

지분법

다음의 계정과목을 사용하며, 한국채택국제회계기준에 따라 회계처리한다.
→ 현금, 관계기업투자주식, 미수배당금, 지분법이익, 지분법손실, 무형자산손상차손

[1] 20x1.1.1 중대한 영향력을 행사할 목적으로 A회사의 주식 30%를 현금 35,000,000원에 취득하였다.
A회사 순자산의 장부금액과 공정가치는 100,000,000원으로 일치한다.

(차)   (대)

[2] 20x1.12.31 당사는 모든 무형자산에 대하여 내용연수 20년, 정액법으로 상각한다.

(차)   (대)

[3] 20x2. 3.10 A회사가 당기순이익으로 10,000,000원이 발생한 것을 보고받았다.

(차)   (대)

[4] 20x2.3.31 A회사로부터 당사에 배당금 2,000,000원을 지급할 것을 통보 받았다.

(차)   (대)

[5] 20x2.410 A회사로부터 통보받은 배당금 2,000,000원을 현금으로 받았다.

(차)   (대)

[6] 20x2.12.31 A회사의 갑작스러운 사업이 부진하게 되었으며, 당사에서 파악한 결과 더 이상 영업권의
가치가 없는 것으로 파악되었다. 위 [1]을 참고하여 회계처리하시오.

(차)   (대)

🔧 해답

[1] (차) 관계기업투자주식   35,000,000   (대) 현금   35,000,000

[2] 분개없음

   * 한국채택국제회계기준에서는 지분법적용투자주식과 관련된 영업권의 내용연수가 비한정으로 간주하므로 상각을 하지 않고, 추후에 손상차손을 인식한다.

[3] (차) 관계기업투자주식   3,000,000   (대) 지분법이익   3,000,000

   * 피투자회사가 보고한 이익에서 지분율을 곱한 만큼 지분법이익을 인식하고, 관계기업투자주식 금액을 증가시킨다.

[4] (차) 미수배당금   2,000,000   (대) 관계기업투자주식   2,000,000

[5] (차) 현금   2,000,000   (대) 미수배당금   2,000,000

[6] (차) 무형자산손상차손   5,000,000   (대) 지분법적용투자주식   5,000,000

   * [1]에서 영업권 해당부분 = 취득가액 − (순자산 공정가치 × 지분율) = 5,000,000원

환율변동효과 – 비화폐성 항목

다음의 계정과목을 사용하며, 한국채택국제회계기준에 따라 회계처리한다.

→ 현금, 기타포괄손익금융자산, 평가이익(당기손익), 평가이익(기타포괄손익), 평가손실(당기손실), 처분이익(당기손익), 처분손실(당기손익)

[1] 20x1.12.1 다른 기업이 발행한 지분상품 $10,000를 현금을 지급하고 취득하였다. 거래일 당시 $1 금액은 1,000원이었으며, 기타포괄손익금융자산으로 분류한다.

(차)   (대)

[2] 20x1.12.31 앞의 [1]에서 취득했던 지분상품의 공정가치가 $10,500이 되었으며, 환율은 $1당 1,100원이 되었다.

(차)   (대)

[3] 20x2.10.10 지분상품 전액을 $11,000에 처분하고 현금을 받았다. 처분시점 $1당 금액은 $1,150원이다.

(차)   (대)

해답

[1] (차) 기타포괄손익금융자산   10,000,000   (대) 현금   10,000,000

[2] (차) 기타포괄손익금융자산   1,550,000   (대) 평가이익(기타포괄손익)   1,550,000

    * 기말 기타포괄손익금융자산 장부금액 = \$10,500 × 1,100 = 11,550,000

[3] (차) 현금   12,650,000   (대) 기타포괄손익금융자산   11,550,000
                                                   평가이익(기타포괄손익)   1,100,000

파생상품 – 선도거래

다음의 계정과목을 사용하며, 한국채택국제회계기준에 따라 회계처리한다.
→ 현금(달러), 현금(외화), 통화선도, 통화선도평가이익, 통화선도평가손실, 통화선도거래이익,
  통화선도거래손실

[선물매입자 입장]

[1] 20x1.11.1 투기목적으로 3개월 후에 $10,000를 $1당 1,000원에 매입하는 통화선도 거래계약을 체결
하였다. 이때 당시 $1당 현물환율은 1,050원이고, 3개월 만기 선물의 환율은 1,000원이다.

(차)   (대)

[2] 20x1.12.31 1개월 후에 $1의 선물환율은 $1당 1,100원이다.

(차)   (대)

[3] 20x2.1.31 만기가 되었으며 이 때 현물환율은 $1당 1,200원이다. 당사는 약정한대로 원화를 지급하고
$10,000를 받았다. 현금은 상계하지 말고, 따로따로 회계처리한다.

(차)   (대)

[선물매도자 입장]

[4] 20x1.11.1 투기목적으로 3개월 후에 $1를 1,000원에 매입하는 통화선도 거래계약을 체결하였다. 이때
당시 $1당 현물환율은 1,050원이고, 3개월 만기 선물의 환율은 1,000원이다.

(차)   (대)

[5] 20x1.12.31 1개월 후에 $1의 선물환율은 $1당 1,100원이다.

(차)   (대)

[6] 20x2.1.31 만기가 되었으며 이때 현물환율은 $1당 1,200원이다. 당사는 약정한대로 원화를 받고 $10,000
를 지급하였다. 현금은 상계하지 말고, 따로따로 회계처리한다.

(차)   (대)

해답

선도거래는 미래 환율이 오를 것으로 예상하는 선물 매입자와 내릴 것으로 예상하는 선물 매도자
간에 거래를 하게 된다.

[1] 분개없음

    * 계약만 했을 때는 회계처리 대상이 아니다.

[2] (차) 통화선도   1,000,000   (대) 통화선도평가이익   1,000,000

    * 만일 20x1.12.31에 통화선도 계약을 한다면 $10,000를 11,000,000원에 계약해야 하는데, 20x1.11.1 에
      거래함으로서 $10,000를 10,000,000원에 계약할 수 있었다.

[3] (차) 현금(달러)   12,000,000   (대) 현금(원화)   10,500,000

                                                    통화선도   1,000,000

                                                    통화선도거래이익   500,000

[4] (차) 분개없음

[5] (차) 통화선도평가손실   1,000,000   (대) 통화선도   1,000,000

    * 만일 20x1.12.31에 통화선도 계약을 한다면 $10,000를 11,000,000원에 계약할 수 있었는데, 20x1.11.1
      에 거래함으로서 $10,000를 10,000,000원만 받는 계약을 했으므로 1,000,000원의 평가손실을 인식한다.

[6] (차) 현금(원화)   10,500,000   (대) 현금(달러)   12,000,000

      통화선도   1,000,000

      통화선도거래손실   500,000

파생상품 – 공정가치위험회피

다음의 계정과목을 사용하며, 한국채택국제회계기준에 따라 회계처리한다.
→ 현금(원화), 현금(외화), 확정계약, 확정계약평가손실, 확정계약평가이익, 통화선도, 통화선도평가이익, 통화선도거래손실, 기계장치

[1] 20x1.11.1 당사는 기계장치를 3개월 후에 $10,000에 구입하기로 약정을 하였다. 이 확정계약은 법적 강제력을 가지는 계약이다. 당사는 계약체결시점에 환율변동에 따른 위험을 회피하기 위해 3개월 후에 $10,000를 10,000,000원에 취득할 수 있는 계약을 체결하였다.

(차)   (대)

[2] 20x1.12.31 1개월 후 선물환율이 $1당 1,200원이 되었다. 확정계약과 통화선도에 대한 회계처리를 각각 하시오.

(차)   (대)

[3] 20x2.1.31 계약일이 되었다. 이 때 $1당 금액은 1,100원이며, 기계장치는 현금으로 구입하였다. 확정계약, 통화선도, 기계장치 취득에 대한 회계처리를 하시오.

(차)   (대)

해답

[1] 분개없음

　* 계약만 했을때는 회계처리가 필요없다.

[2] (차) 확정계약평가손실(비용)　　2,000,000　　(대) 확정계약　　　　　　　　　2,000,000
　　　 통화선도　　　　　　　　　2,000,000　　　　 통화선도평가이익(수익)　　2,000,000

　* 20x1.11.1에는 기계장치 구입대금으로 10,000,000원에 구입할 수 있을 것으로 예상했으나 20x1.12.31 시점에서는 기계장치를 12,000,000원에 구입하는 것으로 변경되었으므로 평가손실로 2,000,000원이 계산된다.

　* 20x1.12.31에 계약을 했다면 $10,000를 12,000,000원에 취득해야 하지만, 20x1.11.1 에 계약을 했으므로 10,000,000원에 $10,000를 취득할 수 있으므로 통화선도평가이익 2,000,000원이 계산된다.

[3] (차) 확정계약　　　　　　　　　1,000,000　　(대) 확정계약평가이익(수익)　　1,000,000

　* 직전연도말에는 기계장치를 12,000,000원에 구입하는 것으로 예상하였는데, 실제 구입할 때는 11,000,000원에 계약할 수 있으므로 확정계약평가이익을 인식한다.

　(차) 현금(달러)　　　　　　　　11,000,000　　(대) 현금(원화)　　　　　　　　10,000,000
　　　 통화선도거래손실　　　　　　1,000,000　　　　 통화선도　　　　　　　　　2,000,000

　* 현물계약을 했다면 $10,000를 11,000,000원에 취득할 수 있었는데, 20x1.12.31 시점에는 계약을 통해 12,000,000원에 $10,000를 취득해야 했으므로 통화선도거래손실 1,000,000원이 계산된다. 최초 계약시점과 비교하면 1,000,000원 이익인데, 20x1년 12.31 2,000,000원 이익과 20x2.1.31의 1,000,000원 손실의 합계로 구성된다.

　(차) 기계장치　　　　　　　　　10,000,000　　(대) 현금(달러)　　　　　　　　11,000,000
　　　 확정계약　　　　　　　　　 1,000,000

　* 기계장치 구입이 완료되면 통화선도, 확정계약의 잔액은 둘 다 0이 된다.

다음의 계정과목을 사용하며, 한국채택국제회계기준에 따라 회계처리한다.
→ 현금(원화), 현금(외화), 매출, 현금흐름위험회적립금, 통화선도

[1] 20x1.11.1 상품 $10,000를 3개월 후에 판매하기로 약정하였다. 상품은 3개월 우에 인도하기로 하고, 환율변동에 대비하여 3개월 후에 $1당 1,000원에 매도할 수 있는 통화선도계약을 체결하였다.

(차)   (대)

[2] 20x1.12.31 1개월 후 선물환율이 $1당 1,200원이 되었다. 통화선도 거래는 현금흐름위험회피에 효과적으로 판단된다.

(차)   (대)

[3] 20x2.1.31 계약일이 되었다. 이 때 $1당 금액은 1,100원이며, 상품을 $10,000에 판매하고 현금으로 결제받았다. 결제받은 $10,000는 통화선도계약에 따라 원화로 환전하였다. 매출거래와 환전거래에 대한 회계처리를 하시오.

(차)   (대)

해답

[1] 분개없음

  * 계약만 했을때는 회계처리를 하지 않는다.

[2] (차) 현금흐름위험회피적립금   2,000,000   (대) 통화선도   2,000,000

  * 20x1.11.1에 통화선도 계약을 하지 않았다면 $10,000를 12,000,000원에 매도할 수 있지만, 계약일의 통화선도 계약 때문에 10,000,000원 밖에 받지 못하므로 2,000,000원만큼 통화선도를 감소시킨다. 단, 이 거래는 투자목적이 아닌 현금흐름위험회피 목적이며, 위험회피에 효과적으로 판단되는 부분은 기타포괄손익누계액으로 처리한다. 현금흐름위험회피적립금은 기타포괄손익누계액에 해당된다.

[3] (차) 현금(달러)   11,000,000   (대) 매출   11,000,000
      현금(원화)   10,000,000   현금(달러)   11,000,000
      통화선도   2,000,000   현금흐름위험회피적립금   2,000,000
      매출   1,000,000

  * 계약이 이행되면 장부상에 남아있는 통화선도, 현금흐름위험회피적립금은 제거해준다. 처음 약정시에 $10,000를 $1당 1,000원에 판매하기 위해 계약을 한 것이므로 손익계산서상 매출은 10,000,000원이 되도록 조정하여야 한다.

금융리스의 개설

다음의 계정과목을 사용하며, 한국채택국제회계기준에 따라 회계처리한다.
→ 현금, 리스개설직접원가, 선급리스자산, 리스채권, 사용권자산, 리스부채, 복구충당부채

[리스제공자 입장]

[1] 고객에게 차량운반구를 5년간 리스하기로 계약을 하였다. 리스계약을 하면서 영업사원의 인센티브, 서류
관련 비용들으로 500,000원이 발생하여 현금지급 하였다.

(차)   (대)

[2] 고객에게 제공할 차량운반구를 50,000,000원에 구입하였다. 구입대금은 현금으로 지급하였다.

(차)   (대)

[3] 약정대로 고객과 금융리스계약이 개시하게 되었다.

(차)   (대)

[리스이용자 입장]

[4] 차량운반구에 대한 금융리스계약을 하기 위해 수수료비용 300,000원이 발생하여 현금으로 지급하였다.

(차)   (대)

[5] 리스제공자가 차량운반구를 50,000,000원에 구입했다는 통보를 받았다.

(차)   (대)

[6] 금융리스로 사용할 자산을 인도받았다. 리스기간은 5년이며, 5년 후에 10,000,000원의 보증가치를 약정
했는데, 현재가치는 7,000,000원이다. 사용권자산, 리스부채, 복구충당부채 계정을 사용하기로 한다. 리
스부채의 최초 측정금액은 50,000,000원이다.

(차)   (대)

⚙ 해답

[1] (차) 리스개설직접원가　　　500,000　　(대) 현금　　　　　　　　　500,000

　　* 직접재료비는 재공품의 원가에 직접 배분되고, 간접재료비는 제조간접비로 집계되었다가 재공품의 원가에 배
　　분된다.

[2] (차) 선급리스자산　　50,000,000　　(대) 현금　　　　　　　50,000,000

[3] (차) 리스채권　　　　50,500,000　　(대) 리스개설직접원가　　　500,000
　　　　　　　　　　　　　　　　　　　　선급리스자산　　　50,000,000

[4] (차) 리스개설직접원가　　　300,000　　(대) 현금　　　　　　　　　300,000

[5] 분개없음

　　* 리스이용자 입장에서는 자산, 부채, 자본의 변동이 없으므로 회계처리가 불필요하다.

[6] (차) 사용권자산　　　57,300,000　　(대) 리스개설직접원가　　　300,000
　　　　　　　　　　　　　　　　　　　　복구충당부채　　　　7,000,000
　　　　　　　　　　　　　　　　　　　　리스부채　　　　50,000,000

Part 26

금융리스 – 리스제공자 입장

※ 다음은 금융리스 거래의 이자 및 원금상환표이다. 리스제공자 입장에서 회계처리하시오.
  (1) 리스료 총액 : 1,500,000원 (매년말 500,000원씩 3회 후불)
  (2) 리스자산 취득가액 : 1,200,000원 (내용연수 4년, 잔존가치 0원)
  (3) 리스이자율 : 10%
  (4) 리스기간 3년
  (5) 선급리스자산은 1,243,426원에 취득하였으며, 이미 회계처리를 했었다.

	리스료	리스이자	원금상환액	리스채권
20×1. 1. 1				1,243,426
20×1.12.31	500,000	124,343	375,657	867,769
20×2.12.31	500,000	86,777	413,223	454,546
20×3.12.31	500,000	45,454	454,546	0
합 계	1,500,000	256,574	1,243,426	

[1] 20×1.1.1 리스계약이 시작되었으며, 앞에서 취득한 선급리스자산의 취득원가와 리스채권의 공정가치는 일치한다. 리스채권으로 대체분개를 한다.
  (차)   (대)

[2] 20×1.12.31 약정된 리스료를 현금으로 받았다. 리스이자는 이자수익으로 처리하시오.
  (차)   (대)

[3] 20×2.12.31 약정된 리스료를 현금으로 받았다. 리스이자는 이자수익으로 처리하시오.
  (차)   (대)

[4] 20×3.12.31 약정된 리스료를 현금으로 받았다. 리스이자는 이자수익으로 처리하시오.
  (차)   (대)

해답

[1] (차) 리스채권   1,243,426   (대) 선급리스자산   1,243,426

[2] (차) 현금   500,000   (대) 이자수익   124,343
                                    리스채권   375,657

[3] (차) 현금   500,000   (대) 이자수익   86,777
                                    리스채권   413,223

[4] (차) 현금   500,000   (대) 이자수익   45,454
                                    리스채권   454,546

Part 27 금융리스 – 리스이용자 입장

※ 다음은 금융리스 거래의 이자 및 원금상환표이다. 리스이용자 입장에서 회계처리하시오.

(1) 리스료 총액 : 1,500,000원 (매년말 500,000원씩 3회 후불)

(2) 리스자산 취득가액 : 1,200,000원 (내용연수 4년, 잔존가치 0원)

(3) 리스이자율 : 10%

(4) 리스기간 3년

	리스료	리스이자	원금상환액	리스채권
20x1. 1. 1				1,243,426
20x1.12.31	500,000	124,343	375,657	867,769
20x2.12.31	500,000	86,777	413,223	454,546
20x3.12.31	500,000	45,454	454,546	0
합　계	1,500,000	256,574	1,243,426	

[1] 20x1.1.1 사용권자산과 리스부채를 인식하는 회계처리를 하시오.

(차)　　　　　　　　　　　　　(대)

[2] 20x1.12.31 약정된 리스료를 현금으로 지급하였다. 리스이자는 이자비용으로 처리하시오.

(차)　　　　　　　　　　　　　(대)

[3] 20x1.12.31 감가상각비와 관련된 회계처리를 하시오. (소수점 첫째자리에서 버림)

(차)　　　　　　　　　　　　　(대)

[4] 20x3.12.31 리스계약기간이 완료되었으며, 이때까지 감가상각누계액 1,243,426원만큼 회계처리 하였다.
사용권자산 반납시 회계처리를 하시오. 단, 이 거래에서 보증잔존가치는 없다고 가정한다.

(차)　　　　　　　　　　　　　(대)

⚙ 해답

[1] (차) 사용권자산   1,243,426   (대) 리스부채   1,243,426

[2] (차) 이자비용   124,343   (대) 현금   500,000
         리스부채   375,667

[3] (차) 감가상각비   310,856   (대) 감가상각누계액   310,856
      * 감가상각비 = 1,243,426 ÷ 4년 = 310,856원

[4] (차) 감가상각누계액   1,243,426   (대) 사용권자산   1,243,426
      * 만일 보증잔존가치가 100,000원인데, 반납하는 시점의 잔존가치가 10,000원이라면, 차액 90,000원만큼 현금을 지급하면서 리스자산보증손실(비용)을 인식한다.

한국채택국제회계기준과 일반기업회계기준의 차이

1. 이론적인 부분

(1) 한국채택국제회계기준(K-IFRS)과 일반기업회계기준(K-GAAP)의 주요특징 비교

한국채택국제회계기준 (K-IFRS)	일반기업회계기준 (K-GAAP)
원칙중심회계 : 회사 경영자가 경제적 실질에 기초하여 합리적으로 회계처리 할 수 있도록 기본원칙과 방법제시	규칙중시회계 : 상세하고 구체적인 회계처리 방법 제시
연결재무제표 중심	개별 재무제표 중심
공정가치 회계 확대적용	제한적인 공정가치회계 적용
공시항목의 확대	상대적으로 적은 공시항목
각국의 협업을 통해 기준 제정	독자적인 기준제정

(2) 회계정보의 기본가정

한국채택국제회계기준 (K-IFRS)	일반기업회계기준 (K-GAAP)
① 계속기업의 가정	① 기업실체의 가정 ② 계속기업의 가정 ③ 기간별보고의 가정

(3) 회계정보의 질적특성

한국채택국제회계기준 (K-IFRS)		일반기업회계기준 (K-GAAP)	
근본적 질적특성	목적적합성 : 예측가치, 확인가치, 중요성	주요 질적특성	목적적합성 : 예측가치, 피드백가치, 적시성
	표현의 충실성 : 완전한 서술, 중립적 서술, 오류의 배제		신뢰성 : 표현의 충실성, 검증가능성, 중립성
보강적 질적특성	비교가능성, 검증가능성 적시성, 이해가능성	부차적 질적특성	

(4) 재무제표의 종류

한국채택국제회계기준 (K-IFRS)	일반기업회계기준 (K-GAAP)
① 재무상태표　② 손익계산서 ③ 자본변동표　④ 현금흐름표　⑤ 주석 ⑥ 회계정책을 소급하여 적용하거나, 재무젤표의 항목 을 소급하여 재작성 또는 재분류하는 경우 가장 이 른 비교기간의 기초재무상태표	① 재무상태표　② 손익계산서 ③ 자본변동표　④ 현금흐름표　⑤ 주석

(5) 재무상태표 작성원칙

한국채택국제회계기준 (K-IFRS)	일반기업회계기준 (K-GAAP)
① 유동성·비유동성 구분법 - 원칙 ② 유동성 순서에 따른 표시방법 ③ '①'과 '②'의 혼합법	유동성배열법

(6) 포괄손익계산서 작성원칙

한국채택국제회계기준 (K-IFRS)	일반기업회계기준 (K-GAAP)
① 성격별 분류법 ② 기능별 분류법 중에서 선택	성격별 분류법만 사용

[참고] 기능별 손익계산서와 성격별 손익계산서

기능별 손익계산서 (이익을 매출액, 영업이익, 당기순이익 등으로 구분하여 표시)	성격별 손익계산서
(1) 매출액 **(2) 매출원가** (3) 매출총이익 (4) 판매비와관리비 (5) 영업이익 (6) 기타수익 (7) 기타비용 (8) 금융수익 (9) 금융비용 (10) 법인세비용 (11) 당기순이익 (12) 기본주당이익	(1) 수익 　매출액 　기타수익 　금융수익 (2) 비용 　**제품과 재공품의 변동** 　**사용된 원재료와 소모품** 　종업원 급여 　감가상각비와 기타상각비용 　기타비용 　금융비용 (3) 법인세차감전순이익 (4) 법인세비용 (5) 당기순이익 (6) 기본주당이익

2. 재고자산

한국채택국제회계기준 (K-IFRS)	일반기업회계기준 (K-GAAP)
후입선출법 적용 불가능	후입선출법 적용 가능
재고자산 감모손실에 대하여 정상감모손실은 매출원가, 비정상감모손실은 영업외비용으로 처리	정상감모손실과 비정상감모손실을 구분하지 않고, 매출원가 또는 영업외비용으로 처리

3. 투자자산의 평가

한국채택국제회계기준 (K-IFRS)		일반기업회계기준 (K-GAAP)
원가모형 또는 공정가치 모형 적용		취득원가로 평가
원가모형	공정가치 모형	감가상각을 하지 않고, 기말에 공정가치 평가도 하지 않음.
감가상각 수행	감가상각하지 않음	
평가손익 인식하지 않음	평가손익을 인식	

4. 무형자산의 상각

한국채택국제회계기준 (K-IFRS)	일반기업회계기준 (K-GAAP)
내용연수가 유한한 경우와 비한정인 경우로 구분 ① 내용연수가 유한한 경우 　: 경제적 내용연수가 법적내용연수 중 짧은 기간동안 상각 ② 내용연수가 비한저인 경우 　: 상각은 하지 않고, 매년 손상차손을 검토	독점적, 배타적 권리가 있는 경우를 제외하고는 20년 이내의 기간동안 정액법 상각

5. 무형자산의 손상차손환입

한국채택국제회계기준 (K-IFRS)	일반기업회계기준 (K-GAAP)
손상차손을 인식하지 않음	손상차손을 인식하기 전 장부금액을 한도로 회복가능

6. 매도가능증권(기타포괄손익금융자산)의 처분 – 2부 파트8 참고

한국채택국제회계기준 (K-IFRS)	일반기업회계기준 (K-GAAP)
처분시점에 "처분금액-장부금액"만큼 기타포괄손익금융자산 평가이익을 인식	처분시점에 매도가능증권평가손익을 제거

7. 확정급여형 퇴직연금에서 계정과목 용어차이

한국채택국제회계기준 (K-IFRS)	일반기업회계기준 (K-GAAP)
사외적립자산, 확정급여채무	퇴직연금운용자산, 퇴직급여충당부채

8. 이연법인세자산, 이연법인세부채의 계정과목 분류

한국채택국제회계기준 (K-IFRS)	일반기업회계기준 (K-GAAP)
비유동자산(비유동부채)로 분류	1년 이내에 소멸할 것으로 예상되면 유동자산(유동부채)로 분류하고, 1년을 초과한 후에 소멸할 것으로 예상되면 비유동자산(비유동부채)로 분류

■ 저자약력

김 운 주 경영지도사

- 수원대학교 회계학과 졸업
- (현)경영지도사
- (현)주식회사회계동아리 (http://cafe.daum.net/account2000) 대표
- (현)Daum카페 회계동아리 시샵
- (현)자격동스쿨(http://passdong.com) 온라인 강사
- (현)두목넷(http://dumok.net) 온라인 강사
- 보유자격증 : 재경관리사, 회계관리1급, 전산세무1급, 기업회계1급, 세무회계1급, ERP 정보관리사1급,
     TAT 1급, 4대보험관리사 자격 취득

[저 서]
- S라인 전산세무 1급(도서출판 어울림)
- S라인 전산세무 2급(도서출판 어울림)
- S라인 전산회계 1급(도서출판 어울림)
- S라인 전산회계 2급(도서출판 어울림)
- 최신경리실무(도서출판 다음)
- 기업회계2급(도서출판 다음)

S라인 계정과목별 분개연습

제 5 판	2023년 3월 10일
저 자	김 운 주
발 행 인	허 병 관
발 행 처	도서출판 어울림
주 소	서울시 영등포구 양산로 57-5, 1301호 (양평동3가)
등 록	제2-4071호
홈 페 이 지	www.aubook.co.kr
전 화	02) 2232-8607, 8602
팩 스	02) 2232-8608
정 가	13,000원
I S B N	978-89-6239-892-2 13320

저자와의
협의하에
인지생략